全国保育士養成協議会［編］

保育実習指導の
ミニマム
スタンダード

現場と養成校が
協働して
保育士を育てる

北大路書房

＊読者の皆様へ──初版第3刷にあたって

　この度，2007年の発刊より，約7年の歳月を経て，3度目の増刷をすることになった。この間，保育所保育指針の改訂や保育士養成カリキュラムの改変などがあり，保育士の専門性及び質をいかに高めていくのか，制度的な努力が継続的になされてきた。したがって，本書の制度面に関する記述は，2014年5月の現行制度には対応していない。
　しかしながら，「保育実習」とは何かを深く考えるにあたって，本書には「資料的な価値」があるとの読者の声を多数頂戴したことから，本書の編者の先生方とも相談し，本文訂正を行わず増刷させていただくこととした。なお，「補遺」として，2013（平成25）年8月の「保育実習実施基準」を，巻末資料に掲載している。
　以上の点に留意しつつ，読者の皆様には本書をご活用いただければと存じます。

2014年5月
北大路書房　編集部

巻頭言

『保育実習指導のミニマムスタンダード』の刊行によせて

　社団法人全国保育士養成協議会専門委員会は，本法人の事業目的の「保育士養成制度及び教育内容の調査，研究に関する事業」を実質的に推進していくための役割を担っており，発足以来，その時どきの時代，社会の保育・福祉ニーズをふまえた研究を行なってきている。近年の研究内容をみても，「保育士の専門性」「保育・養護・教育の概念と関係の整理」「保育士資格」「保育士の養成課程」「保育実習のあり方」等々，保育士養成にあたる養成施設（養成校），教員にとって，その都度喫緊の課題となっているものである。

　このたび，専門委員会の研究成果のひとつである「保育実習指導のミニマムスタンダード」（2004年，2005年度研究）が，この研究に従事した保育士養成校の教員（研究者）によって，あらためて刊行されることとなった。言うまでもなく「保育実習」は，学校（養成校）で学ぶ福祉・保育・養護の理論が，それぞれの現場でどのように実践されているかを体験的に学び，理論と実践とを統合していくものであり，保育士養成課程の要の科目となっている。「保育実習」という科目の内容については，国の通知で示されているが，その内容を充たすための実際の指導のあり方は，各養成校が試行錯誤をくり返しながら独自に行なってきている。

　2001（平成13）年，保育士の資格が名称独占をともなう国家資格となり専門職化された中で，高度な専門性を有する保育士を養成するにあたっては，実習指導に際して，養成校と実習施設の双方が共有できるガイドライン的なものが必要とされるにいたっている。本書の第Ⅱ部「保育実習指導のミニマムスタンダード」の「はじめに」で述べられているように，近年，全国的に保育士養成校の新設が増加している中で，多様な学生に対応する有効かつ効率的な実習指導体制を構築する必要性もまた生じてきている。

　このような近年の保育士養成を取り巻く状況の中で，専門委員会が取り組んだ実習指導のあり方の一定のめやすともなるもの，すなわち，今回刊行される『保育実習指導のミニマムスタンダード』は，まさに時宜を得たものといえよう。

巻頭言　『保育実習指導のミニマムスタンダード』の刊行によせて

　一読いただき，忌憚のない意見をお寄せいただきたくお願いする次第である。
　本協議会専門委員会の研究成果の刊行の労をとってくださった北大路書房に心から感謝申し上げる。

2007年8月20日
東洋英和女学院大学人間科学部教授
社団法人　全国保育士養成協議会常務理事
大嶋恭二

目 次 ■■■■■■■■■■■■■■■■■■■■■

巻頭言　『保育実習指導のミニマムスタンダード』の刊行によせて……………………………… i
　　　　大嶋恭二（東洋英和女学院大学人間科学部教授・社団法人全国保育士養成協議会常務理事）

第Ⅰ部　ミニマムスタンダード策定の意義

第1章　保育士養成における実習の意義と課題 ……………………………………… 2
第1節　実習指導の現状　2
第2節　実習指導における課題　3
　1　「指定保育士養成施設の指定及び運営の基準について」　3
　2　「局長通知」にみられる課題　4
第3節　実習指導の質の向上をめざして　5
　1　ミニマムスタンダード策定の目的　5
　2　用語の説明　7

第2章　保育士養成課程における保育実習の歴史的変遷──戦後を中心に ……… 10
第1節　本章の目的　10
第2節　戦後の保姆・保母・保育士養成課程における保育実習　11
　1　新制度成立以前における保育実習の実施状況：終戦直後の保姆養成にみられる保育実習（1945〜1948年まで）　11
　2　保母養成施設における教育課程の整備：新制度発足当時の保母養成における保育実習（1948〜1951年まで）　13
　3　"クローズド・システム"的な保母養成と「綜合実習」：保育二元化推進政策期の保母養成における保育実習（1951〜1962年まで）　13
　4　厚生省児童家庭局長通知「保育実習実施基準」の登場：高度経済成長期の保母養成における保育実習（1962〜1970年まで）　15
　5　保育実習単位の削減と「保育実習実施基準」の一部改正：低成長期の保母養成課程にみられる保育実習（1970〜1991年まで）　17
　6　「事前及び事後指導」の単位設定：子育て支援政策期の保母・保育士養成課程における保育実習（1991〜2001年まで）　19
　7　「保育実習Ⅱ」と「保育実習Ⅲ」の選択必修科目化：新保育士養成課程における保育実習（2001〜2003年まで）　22
第3節　新「保育実習実施基準」（2003年12月）の特質　25

目 次

第3章　検討の経緯 …………………………………………………………………33
第1節　試案の策定　33
　1　保育実習指導の実態に関する調査研究　33
　2　保育実習指導の事例研究　33
　3　ミニマムスタンダード試案の提案　34
　4　全国保育士養成協議会会員校教職員による試案の検討　34
　5　職能団体による試案の検討　35
　6　ミニマムスタンダードの提案　36
第2節　試案への意見　36
　1　保育士養成校の回答結果から　36
　　（1）ミニマムスタンダード策定の意義／（2）実習プログラム／（3）実習評価／（4）訪問指導
　2　実習施設からの回答結果から　63
　　（1）ミニマムスタンダード策定の意義／（2）実習プログラム／（3）実習評価／（4）訪問指導
　3　書評から指摘された課題　70
　　（1）実習プログラム／（2）実習評価／（3）訪問指導

第4章　「個人情報の保護に関する法律」の施行にあたって ……………………78
第1節　個人情報保護法と社会福祉事業　78
第2節　個人情報保護法の概要　79
　1　個人情報保護法の目的と基本理念　79
　2　対象となる個人情報及び個人情報取扱事業者とは　80
　3　福祉関係事業者の義務　82
　4　主務大臣の監督，罰則規定　86
第3節　個人情報保護法と保育実習との関係　88
　1　利用者の個人情報との関わりから　88
　2　実習生の個人情報の関わりからの課題　93
第4節　個人情報保護のための連携に向けて　94

第Ⅱ部　保育実習指導のミニマムスタンダード

はじめに …………………………………………………………………………………98

第5章　実習指導計画 …………………………………………………………………102
第1節　事前・事後指導　102
　1　教科目の教授内容　102
　2　事前・事後指導の考え方　103
　3　事前指導　105
　4　事後指導　106

第2節 「保育実習Ⅰ（保育所）」と「保育実習Ⅱ」　107
　　1　「保育実習Ⅰ（保育所）」と「保育実習Ⅱ」のねらいと内容　107
　　2　「保育実習Ⅰ（保育所）」と「保育実習Ⅱ」の考え方　108
　　3　「保育実習Ⅰ（保育所）」　109
　　4　「保育実習Ⅱ」　110
第3節 「保育実習Ⅰ（施設）」と「保育実習Ⅲ」　111
　　1　「保育実習Ⅰ（施設）」と「保育実習Ⅲ」のねらいと内容　111
　　2　「保育実習Ⅰ（施設）」と「保育実習Ⅲ」の考え方　112
　　3　「保育実習Ⅰ（施設）」　113
　　4　「保育実習Ⅲ」　115

第6章　実習評価 …………………………………………………………………117

第1節　実習評価の考え方　117
　　1　らせん状の学習モデル　117
　　2　公正さ　118
　　3　実習評価と人間性への評価　118
第2節　評価の手続き　119
　　1　現場実習の評価　119
　　2　教科目「保育実習」の評価　120
　　3　指導実習の評価　121
第3節　実習評価票　122
　　1　基本的な考え方　122
　　2　評価票に含む事項　123
　　3　評価票の実際　124
　　　（1）評価票（案）／（2）実習段階ごとの評価について
第4節　よりよい評価のために　124

第7章　訪問指導 …………………………………………………………………130

第1節　実習における訪問指導の位置づけ　130
　　1　実習全体における位置づけ　130
　　　（1）実習サイクルの中の位置／（2）教科目の教授内容として／（3）保育実習を実習施設と養成校がともに支え，ともに担う／（4）訪問指導者
　　2　当事者それぞれにおける意義　132
　　　（1）実習指導者及び養成校における意義／（2）実習生における意義／（3）指導担当職員における意義
第2節　訪問指導の方法　134
　　1　訪問の回数と時期　134
　　2　訪問指導の所要時間　135
　　3　訪問指導の形態　136
　　4　訪問指導時に使用する資料　137
第3節　訪問指導の内容　137
　　1　実習生のようすの把握と指導・助言　137
　　2　実習の状況の確認と調整　137

3　子ども（利用者）との関係の確認と指導　138
　　4　指導担当職員を含めた全職員との関係の確認と調整　138
　　5　指導担当職員への連絡・依頼内容　139
　　6　養成校側の教育方針や方法と実習施設の実習指導プログラムや方法との調整　139
　第4節　訪問指導記録　140
　　1　根拠　140
　　2　記録することの意義　140
　　3　基本的な考え方　141
　　4　記録様式に含まれる事項　142

第8章　おわりに──ミニマムスタンダードのこれからと保育者養成校の課題 ……145
　第1節　ミニマムスタンダードのこれから　145
　　1　ミニマムスタンダードの課題　145
　　2　ミニマムスタンダードをいかに使うか　146
　第2節　保育者養成校の課題　147
　　1　養成校における協働　147
　　2　保育・福祉現場との協働　147
　　3　養成校間の協働　148
　第3節　結びに代えて　149

第Ⅲ部　保育・福祉現場から──特別寄稿──

第9章　保育実習指導のミニマムスタンダード──保育所の立場から ……………152
　　　　　　　　　森本宮仁子（社会福祉法人聖和共働福祉会　大阪聖和保育園園長）
　第1節　ミニマムスタンダードの意義　152
　第2節　保育所の現状と実習生の受け入れ　153
　第3節　ミニマムスタンダードについて　154
　　1　実習内容の大別　154
　　2　習得内容の課題　156
　　　（1）記録，協議のあり方に関するスタンダードの必要性について／（2）「実習指導計画」の「保育実習Ⅰ（保育所）」「保育実習Ⅱ」に関して／（3）「訪問指導」について／（4）「実習評価票」について
　　3　まとめ　159

第10章　保育実習指導のミニマムスタンダードに期待する──児童福祉施設実習を実り豊かなものにするために ………………………………………………161
　　　　　　　　　　　　　　　神戸信行（社会福祉法人　青葉学園園長）

平成16〜17年　社団法人全国保育士養成協議会専門委員一覧
補遺　167

第Ⅰ部
ミニマムスタンダード策定の意義

第 1 章

保育士養成における実習の意義と課題

第1節 実習指導の現状

　保育士養成における学生の専門的成長の中核は，実践的問題が生起する保育実習の場にある。あらためて指摘するまでもなく，保育実習は学生が保育の実践を観察・体験することで，専門職の目的・価値・倫理などについての理解と自覚を深め，保育者としての使命感や実践力の基礎をいっそう高める場として機能するものである。それゆえ，養成校における実習指導のプログラムは綿密かつ系統的に設計されており，経験と実践に基づく知識の統合を図り，学生が課程の目的を達成するようさまざまな支援のための取り組みが行なわれている。事実，実習に関する研究の発展は保育士養成における中心的な課題の1つであり，学術研究の多様な分野において，実習研究は独立した対象領域としての概念と固有の専門的文化を形成しており，保育実習指導の科学化と理論化を志向する興味深い立場と方法論が提示・展開されている。

　この背景には，名称独占資格として法定化された保育士の専門性に対する社会的な期待の高まりと同時に，全入時代に突入した高等教育機関の厳しい学生募集戦略がある。

　一方，実習施設と養成校との連携に目を転じると，両者がそれぞれの場で行なわれる指導の内容を適切に把握し，協働関係のもとで実習指導に取り組んでいるとは必ずしもいえない状況にある。たとえば養成校における指導は，養成校の歴史，建学の精神，教育理念・目標，規模（学生・教員数），地域性，その他諸々の条件を反映しさまざまな内容で実施されているのが実態であり，学生の実習に際し養成校から実習施設に送られる実習評価の基準や記録の様式などの種類は，養成校の数ほどあるといって決して過言ではないだろう。また，実習生を受け入れ

る実習施設についてみれば，そこに組織的な取り決めや統一的な基準がないことから，実習生を受け入れる方針や実習生に対する指導計画，評価の基準などは実習施設によって千差万別である。保育士養成校の学生は，子育て支援の中核を担う専門職として身につけるべき実践力を，このように不確実性に満ちた状況の中で学び，みずからの適性を判断し人生設計を描いている現実があることをあえて指摘せざるを得ない。

第2節 実習指導における課題

 「指定保育士養成施設の指定及び運営の基準について」

　2003（平成15）年12月9日，厚生労働省雇用均等・児童家庭局長名による「指定保育士養成施設の指定及び運営の基準について」の通知（雇児発第1209001号）が，都道府県知事・指定都市市長・中核市市長に対しなされた。地方自治法●1第245条の4第1項に規定する技術的助言として発出された同通知（以下「局長通知」という）は，児童福祉法の一部を改正する法律●2等によって整備された保育士関係規定が施行されたことにともない，定められた「指定及び運営の基準」についてその適正な実施を都道府県知事等に要請するとともに，管内の指定保育士養成施設の所長宛にその旨通知することを求めるものである。

　「局長通知」の別紙2「保育実習実施基準」において新たに追加された主な事項は以下のとおりである。

①「守秘義務の遵守についての指導の徹底」（保育実習実施基準の第2　履修の方法6）

　　実習において知り得た個人の秘密の保持について，実習生が十分配慮するよう指導すること。

②「総合的な実習を可能とする実習保育所の選定」（保育実習実施基準の第3　実習施設の選定等1）

　　保育所の選定に当たっては，乳児保育，障害児保育及び一時保育等の多様な保育サービスを実施しているところで総合的な実習を行うことが望ましいことから，この点に留意すること。

③「実習施設への訪問・指導の徹底，もしくは同等の体制整備」（保育実習実

施基準の第3　実習施設の選定等4）

　　指定保育士養成施設の実習指導者は，実習期間中に少なくとも1回以上実習施設を訪問して学生を指導すること。なお，これにより難い場合は，それと同等の体制を確保すること。

④「実習期間中の指導内容の記録化」（保育実習実施基準の第3　実習施設の選定等5）

　　指定保育士養成施設の実習指導者は，実習期間中に学生に指導した内容をその都度，記録すること。また，実習施設の実習指導者に対しては，毎日，実習の記録の確認及び指導内容を記述するよう依頼する等，実習を効果的に進められるよう配慮すること。

2 「局長通知」にみられる課題

「局長通知」から生起する問題は，次の2点に要約できる。
①養成の場において生起する問題

　養成校において，実習指導に関する内容を組織的に共有するための取り組みを一段と推進することが求められる。

　実習施設を訪問（以下「訪問指導」という●3）する実習指導者は，実習中の学生がこれまで受けた事前・事後指導の内容や当該実習において学生が取り組む課題等についてあらかじめ熟知している必要があり，実習中に課題の変更等が生じた場合には適切な指導を行なうとともに，その経過を記録化することが求められる。このように，もともと「訪問指導」が有するスーパービジョン●4としての機能を考えると，実習指導者による訪問指導と「同等の体制を確保」することがむずかしい多くの養成校●5では，実習生を支援する教職員の間に効率的なコミュニケーションとネットワークを形成し，実習指導の内容を組織として共有する体制を整備することが急務といえよう。

②養成と実習施設との関連において生起する問題

　養成と実習施設の両者が，実習生の指導や評価の基準などについての価値観を共有するような連携のあり方がいっそう求められることになる。

　先にみたように，実習期間中の指導内容の記録化は，養成校と実習施設の双方の実習指導者に対し求められているものである。すなわち「局長通知」では，実

習を効果的に進める観点から、実習施設の実習指導者に対して、「毎日、実習の記録の確認及び指導内容を記述する」よう依頼することが要請されている。しかし、多様な実習生を受け入れる実習施設に指導内容の記録化を要請することに、慎重な配慮を要することは言うまでもない。なぜなら、養成の場における理論学習と保育実践との結合を学生に教育する中心的な役割を担う指導保育士にとって、養成校から依頼される評価項目や記録様式の多様さがその職務の遂行にさまざまなコンフリクトを生じさせジレンマを抱える要因となっていることは想像に難くないからである。

こうしたことから考えると、「局長通知」は養成と保育実践の場が保育実習に関する理念や目的を相互に再確認し合い、協働関係のもとに用語の統一を検討し、氾濫する評価尺度や記録様式の最適化を図ることなどを通じ、洗練され機能的なモデルを確立するための絶好の機会ととらえることも可能なのではないだろうか。

もちろん、すでにこれらの課題を克服し、先駆的な実習指導の体制整備を果たしているところは少なくない。実習中に学生が直面する実践的課題への組織的対応を進め、実習反省会、実習カンファレンスなどの交流機会を通じ養成・実習施設相互の意思の疎通を図ったり、地域単位で共通の記録様式や評価の項目を定めるなどの取り組みも行なわれたりしている。しかし、問題は現在それらが地域・養成校ごとの取り組みとして完結しており、いわば閉ざされた営為として展開している点であるし、地域や養成校の単位を越えた一般的なモデルが存在するという前提のもとに、全国的な事例の集合体として制度的・組織的に検討される機会がきわめて少なかったという点にある。

第3節 実習指導の質の向上をめざして

1 ミニマムスタンダード策定の目的

①実習指導の「標準的な事項」の共有による養成教育の自己点検・評価

保育実習は、学生が保育の実践を観察・体験することで、専門職の目的・価値・倫理などについての理解と自覚を深め、保育者としての使命感や実践力の基礎をいっそう高める場として機能するものである。それゆえ、養成校における実習指導のプログラムは綿密かつ系統的に設計されており、経験と実践に基づく知

識の統合を図り，学生が課程の目的を達成できるようにさまざまな支援のための取り組みが行なわれている。

一方，「局長通知」には，「教科目の教授内容」（第Ⅱ部第5章 p.102を参照）として「保育実習」の目標，ねらい等が示されているが，その内容はきわめて簡明であり，養成校の実習指導者がみずからの行なう教育・指導の独自性や有効性を判断するための基準として機能させるには十分とはいえない。

保育実習指導の自律性は，養成校および実習指導者の意識や行動を暗黙のうちに規定する原理となっている。

ところで，保育士養成課程にみる専門性の広域化，保育士養成校の量的拡大，そこに入学してくる学生の生活体験の変質・変容等，保育実習指導の前に立ちはだかる問題の位相は多様かつ重層的である。このような状況のもと，学生に対し保育士の専門領域・技能等を正確に伝達・伝承していくためには，養成校が従来のスタンスのまま固有のディシプリンの中に閉じこもるのではなく，進んで実習指導の基礎的条件を整備し，その標準的な事項を共有していくことが不可欠である。

本研究の第一の目的は，全国の保育士養成校及びそこにおける実習指導者が共有する実習指導の標準的事項（ミニマムスタンダード，以下「MS」という）を策定し，保育実習指導のいっそうの発展・充実に貢献することである。

②実習施設における実習指導職員との理念の共有

MS策定の第二の目的は，養成校の実習指導者と実習施設の指導担当職員相互が共有できる保育実習指導に係る標準的事項を構築することにある。

後継者の育成という社会的・公共的使命の観点から養成校と実習施設との関連をみると，両者が実習指導の標準的事項を共有するための環境が未整備であると指摘せざるを得ない状況にある。もちろんここでいう両者の関連とは，個別の養成校や地域を単位とした養成校の集団と実習施設との関連をさすのではなく，養成校や実習施設をそれぞれ総体としてとらえた組織間の関連を意味するものである。

たしかに，前掲「指定保育士養成施設の指定及び運営の基準」における「保育実習実施基準」の「第2 履修の方法」には，「5」として「指定保育士養成施設の所長は，毎学年度の始めに実習施設その他の関係者と協議を行い，その学年度の保育実習計画を策定するものとし，この計画には，全体の方針，実習の段階，内容，施設別の期間，時間数，学生の数，実習前後の学習に対する指導方法，実

習の記録，評価の方法等が明らかにされなければならないものとする」とある。養成校は実習施設との間に定期的かつ密接な連携体制を構築し，事前・事後の指導の方針を伝えたり，学生の学習段階に合わせた実習指導の具体的内容を依頼したりして，効果的な実習の実現に向け努力している[1]。

しかしながら，こうした営為は養成校と実習施設との間の個別の枠組みにおいて機能している。

問題の位相は，養成校と実習施設との間で組織的に了解されている標準的事項が不在であることから，保育実習指導として共通に認識されるべきことがらと養成校が独自に立てたねらいなどが混同されやすく，それらを正確に峻別しながら，保育士がその専門領域・技術等を実習生に対し伝達・伝承していくことに支障が生じやすい状況にある。

したがって共通理解を図るための作業の1つとして，第3章の「検討の経緯」で示すように，実習施設職員が組織する職能団体等に「保育実習指導のミニマムスタンダード試案」について検討してもらった。また今後，MS策定後の養成校・実習施設間の協働的・相互啓発的研究が期待される。

2 用語の説明

「保育実習指導のミニマムスタンダード」における用語について，以下に説明する。

①実習の種類等に係る用語

【保育実習】 保育士養成課程における，「保育実習Ⅰ」及び「保育実習Ⅱ」，「保育実習Ⅲ」の，事前・事後の指導等を含む総体を示す。これは幼稚園教諭養成における実習（教育実習）や，社会福祉士養成における「現場実習」などと峻別するときに用いる。

【「保育実習Ⅰ」】 「保育実習」（実習・5単位）は，「児童福祉法施行規則」第三十九条の第一項第三号の「指定保育士養成施設の修業科目及び単位数並びに履修方法」の告示別表第一において示される修業科目の名称であるが，先にあげた保育実習との混用を避け，告示別表第二の選択必修科目として示される「保育実習Ⅱ」，「保育実習Ⅲ」との連続性，段階性などを示す目的から，本MSでは便宜的に「保育実習Ⅰ」とよぶことにする。

【「保育実習Ⅰ（保育所）」】「保育実習」（実習・5単位）において2単位を習得することが定められた「保育所における実習」をさす。
　【「保育実習Ⅰ（施設）」】「保育実習」（実習・5単位）において2単位を習得することが定められた「居住型児童福祉施設等における実習」をさす。
　【保育所実習】　養成校の学生が，保育所において必要な実習を行なう行為全体をさして"保育所実習"とする。これは，「保育実習Ⅰ」に示された「保育所における実習」と「保育実習Ⅱ」の実習の総体を示すときに用いるもので，特定の単位を示すものではない。
　【施設実習】　養成校の学生が，居住型児童福祉施設等において実習を行なう行為全体をさして"施設実習"とする。これは，「保育実習Ⅰ」に示された「居住型児童福祉施設等における実習」と「保育実習Ⅲ」の実習の総体を示すときに用いるもので，特定の単位を示すものではない。なお，本研究報告では，保育士養成課程における教科目としての学外実習は，「　」により示すことにする。

②実習の段階に係る用語

　保育実習の段階を，保育所実習の場合には，「観察実習」→「参加実習」→「指導実習」（指導計画を立案しそれを実践すること）とした。施設実習の場合には，「見学実習」→「参加実習」→「総合実習」とした。

③保育実習指導に係る用語

　【実習指導者】　指定保育士養成施設長によって指名され，養成校において実習に関する全般的な事項を担当する教員●[6]をさす。
　【指導担当職員】　実習施設において実習指導を行なう保育士と当該実習施設の長●[7]を総称する。
　【実習生】　実習施設において実習を行なう養成校の学生を実習生とよぶ。
　【訪問指導】　実習指導者（またはそれに代わり得る者●[8]）が実習施設を訪問し，実習施設の指導担当職員との連携のもとに，実習中の実習生への指導を行なうことをさす。
　【訪問指導者】　実習施設を訪問し，実習施設の指導担当職員との連携のもとに，実習中の実習生への指導を行なう養成校の実習指導者（またはそれに代わり得る者）をさす。
　【実習指導計画】　実習指導計画とは，保育士としての専門的な知識と技能を実

習施設で培うために，養成校側が学生に学ばせたい（理解させたい）と考える実習指導の具体的内容を，段階性と継続性を意図しながら組み立てた全体的な計画である。

なお，「局長通知」の別紙2「保育実習実施基準」における「保育実習計画」（「第2　履修の方法」の「5」）は，保育実習の実施時期・施設に関する事項など，外的条件を主に定めた計画だととらえている。本MSにおける実習指導計画とは，それに対して，教授内容・方法などの内的事項を定めた計画と位置づけたい。

【注】

- 1　1947（昭和22）年法律第67号
- 2　2001（平成13）年法律第135号
- 3　養成校教職員が実習施設を訪問し実習中の学生を指導することを，本報告では「訪問指導」とよぶこととする。
- 4　厚生労働省雇用均等・児童家庭局長通知「指定保育士養成施設の指定及び運営の基準について」（雇児発第1209001号，2003（平成15）年12月9日）の別紙3として示される「教科目の教授内容」の「保育実習」（実習・5単位）では，「保育実習指導（1単位）」の内容として，「2．実習中に巡回指導を行い，実習施設の実習指導担当者との連携のもとに，実習生へのスーパービジョンを行う」とされている。
- 5　「効果的な保育実習のあり方に関する研究Ⅰ—保育実習の実態調査から—」『保育士養成資料集第36号』（全国保育士養成協議会，2002）における調査結果では，訪問指導を担当する者についての質問に対し，「全教員で訪問する」と答えたのは保育所実習で80.8％，施設実習で76.1％であった。「実習担当者のみで訪問する」と答えた割合は全体の1割強であった（pp.5–35, 129–165）。この結果は，多くの養成校が組織をあげて「訪問指導」に取り組んでいる実態を示しているものと受け止められる。
- 6　「局長通知」（●4を参照）の別紙2「保育実習実施基準」第3「実習施設の選定等」の3には，「指定保育士養成施設の所長は，教員のうちから実習指導者を定め，実習に関する全般的な事項を担当させること」と示されている。
- 7　「保育実習実施基準」（●6を参照）第3「実習施設の選定等」の3には，「実習施設においては，その長及び保育士のうちから実習指導者を定めるものとする」と示されている。
- 8　実習指導者に代わり得る者の定義は，「保育実習実施基準」（●6を参照）第4において示される「指定保育士養成施設の実習指導者は，実習期間中に少なくとも1回以上実習施設を訪問して学生を指導すること。なお，これにより難い場合は，それと同等の体制を確保すること」を典拠とする。

【引用文献】

[1]　全国保育士養成協議会　2004　『保育士養成資料集第40号』　pp.62–64.

第2章

保育士養成課程における保育実習の歴史的変遷——戦後を中心に

第1節 本章の目的

　2003（平成15）年12月9日付で通知された「局長通知」の別紙2「保育実習実施基準」において，保育実習を養成校が行なうに当たっての条件整備は，以前のものよりも厳格なものにされたといわれる。本章では，そうした今回の「局長通知」にいたるまで，今日でいう保育士養成課程の保育実習がどのように位置づけられ，それがどう変遷してきたのかをたどっていくことで，その歴史的な意味あいを確認してみたい[1]。

　わが国における保育施設の歴史は，よく知られているように，1876（明治9）年に設立された東京女子師範学校附属幼稚園をはじまりとし，ここに今日の幼稚園の起源を見いだすことができる。一方，保育所の歴史は，渡辺嘉重によるものが代表的な存在となっている子守学校（1883年），赤沢鐘美が開設した新潟静修学校（1890年）にはじまり，簡易幼稚園のモデルである東京女子高等師範学校附属幼稚園分室（1892年），篤志家による貧民幼稚園として位置づけられる善隣幼稚園（1895年）や二葉幼稚園（1900年）を経て，1900年前後に設けられはじめた工場附設託児所，1920年頃に各地でつくられた公立託児所へと発展し，「社会事業法」（1938年）に示された社会事業の1つとしての託児所，「児童福祉法」（1947年）に規定された保育所という形で，現在にいたっている。

　こうした歴史の流れにおいて，幼稚園は草創期から法制度の整備が整えられていったものの，保育所に関しては「児童福祉法」の制定を待たねばならなかった。そのため，戦前においては，今日でいう保育所の名称に正規なものはなく，そこで保育に従事する職員の正式名称や資格なども定められてはいなかった（以下，表記上のまぎらわしさや混乱を避ける意味から，「児童福祉法」における規定を

ふまえ、託児所や保育園、保育所などの名称を「保育所」で一括する)。
　戦後,「学校教育法」(1947年)などが制定されて「幼稚園教諭」の名称・免許を定めるまで、各種法令によって、幼稚園で保育にあたる者は「保姆」とされ、資格要件も示されてきた。保育所については、一応、それに準じる形をとって、同じ「保姆」という呼称が一般的に用いられてきたものの、実際には、その資格要件どころか、就労の条件すら不問にされてきたことも少なくなかった。学歴などに対する基準、養成での教育内容・方法などはいうに及ばず、いっさいの基準が設けられていなかったことから、乳幼児の保育に対する関心・意欲や少しでも知識・技術があれば、保育所の保姆として誰でも務めることはできたのである。そして、そうした状況は、戦後における児童福祉法制の整備の時点まで続くこととなる。
　以下、本章では、戦後初期から現在にいたる保姆・保母・保育士養成課程へと焦点をあて、そこでの保育実習の位置づけの流れを追うこととしたい。なお、保育者の呼称について、戦後の「保母」は単純に「保姆」の旧字が新字へ置き換えられたものととらえられがちであるが、それでは、前述したように、「保姆」という呼称がが戦前の幼稚園と保育所の両方で用いられていた状況、そして、児童福祉施設で保育へ従事する者を指し示す戦後法制の定義とも矛盾が生ずることになる。したがって、以下、個々の時代での状況や用例をきちんとふまえ、保姆と保母、保育士という3つを使い分けていく。

第2節 戦後の保姆・保母・保育士養成課程における保育実習

1 新制度成立以前における保育実習の実施状況：終戦直後の保姆養成にみられる保育実習(1945〜1948年まで)

　1945(昭和20)年8月15日の終戦を経て、わが国の保育制度は新たなものへと変わった。幼稚園は、1947(昭和22)年3月31日制定の「学校教育法」(法律第26号)によって学校の1つとして位置づけられ、1949(昭和24)年5月31日公布の「教育職員免許法」(法律第147号)などにより、従来は「保姆」とよばれていた保育担当職員も、「幼稚園教諭」の名称に改められた[2]。
　一方、保育所は、1947年12月12日、「児童福祉法」(法律第164号)の制定にともない、児童福祉施設の1つとして新たに位置づけなおされ、翌1948(昭和23)年

1月1日,「児童福祉法」の一部施行以降には,その制度的基盤を確立していく。そして,戦前には明確な規定がなかった保育担当職員も,1948年3月31日に制定された「児童福祉法施行令」(政令第74号)の第13条で,「児童福祉施設において,児童の保育に従事する女子」が「保母」と定められ,いわば俗称的であった名称を新しい定義のもとで使用する形となった[1]。すなわち,ここでいう「保母」とは,旧来の用例と異なり,保育所の保育担当職員のみならず,広く児童福祉施設の全体で子どもの保育に従事する者を指し示すものとされたのである。

終戦から,こうした形で新制度が発足する以前までの一時期にも,戦災をまぬがれた養成機関などで保姆養成は細々と行なわれていた。日本保育学会『日本幼児保育史(第6巻)』[2]には,終戦直後における保姆養成の状況を,戦時下に関する調査と合わせて行なった結果が収録されている。そこには,保育実習について,次のような状況が示されていた●3。

6　保育実習は当時どのようにして行いましたか(実習所,期間,方法などについて簡単に)
①実習所としては大半が付属幼稚園及び協力幼稚園を使用しているが,そのほかに農繁季節保育所実習三週間(尚絅〔女学校専攻部保育科〕)実施していた所もある
②実習期間と方法については,
　イ,年間を通して毎日午前中実習,午後授業の形態をとったもの……三校
　ロ,年間を通して毎週五日間,午前中実習,午後授業,うち一日は終日実習……二校
　ハ,年間を通して毎週一回終日実習……三校
　ニ,年間を通して毎週二回終日実習……二校
　ホ,年間を通して毎週三回終日実習……二校
　ヘ,一学期(五月)に集中実習三週間(地方)および二学期(十月)に集中実習三週間(市内)……一校
　ト,その他これをとりまぜたさまざまな形態……七校

なお,終戦後,新たに保姆養成を始めた機関や再発足という形での対応もあり,その正確な数を把握することはむずかしい。また,新制度の成立以前に改組を行なった機関も数が多く,当時は,保姆養成のしくみそのものも混乱を来していた時代であったといえる。

◆第2章◆　保育士養成課程における保育実習の歴史的変遷

2　保母養成施設における教育課程の整備： 新制度発足当時の保母養成における保育実習（1948〜1951年まで）

　戦後の新制度における保母養成は，「児童福祉法施行令」第13条において，「主務大臣の指定する保母を養成する学校その他の施設を卒業した者」，「保母試験に合格した者」という2つの資格要件が定められたことに始まる[3]。とりわけ，前者の保母養成施設による資格授与は，新制度の主軸となるものであった。

　そうしたことから，厚生省は，1948年4月8日，児童局長通知「保母養成施設の設置及び運営に関する件」（児発第105号）を各都道府県知事宛に示し，幼稚園教諭の養成とは違う独自システムの確立をめざした[4][5]。そして，これにより，既設・新設を問わず，保母の資格を授与させる保母養成施設は，通知に示された基準を満たし，主務大臣である厚生大臣からの指定を受けねばならなくなったのである。

　この通知では，修業年限が2年と定められ，修業学科及び配当時間数も示されている。しかし，当時は，「短期大学設置基準」はまだ定められておらず，幼稚園教諭の養成に関わる基準を示す「教育職員免許法」も成立していなかった。また，保母養成施設の教育課程としては，たんなる学科目の羅列にすぎず，構造的な配列もなされていない。そうしたことからすれば，もちろん配当時間数などの違いはあれ，すでに戦前の段階で保姆免許状などを取得し，児童福祉職へ従事していた者を対象に実施された保母資格認定講習会と，それほど変わるものではなかった。

　厚生省が示した教育課程において，保育実習は，実施が前提とされているものの，全1,350時間を配当した学科目の中には含まれていない。しかも，「保育，育児，看護，教護，栄養，音楽，遊戯，お話，絵画，製作等に関する研究及び実習を所長の指定する，児童福祉施設病院保健所等において保育実習生として行ふこと」と，「実習科目」の1つとして位置づけられているのみである[6][7]。また，その配当時間や方法などの基準についても，「所長の定めるところによること」とされ，まったく示されてはいなかった[8]。

3　"クローズド・システム"的な保母養成と「綜合実習」： 保育二元化推進政策期の保母養成における保育実習（1951〜1962年まで）

　1949（昭和24）年5月，「教育職員免許法」が制定され，同年8月30日，「短期

13

大学設置基準」も大学設置審議会で決定された。それによって，幼稚園教諭の養成は，原則として大学で行なうものとなり，その免許取得について，基礎資格が示され，一般教育科目と専門科目（教科に関するもの，教職に関するもの）のそれぞれについて最低修得単位数も定められた。

そうした動きを受けて，厚生省は，1951（昭和26）年6月19日，「児童福祉法施行規則の一部を改正する省令」（厚生省令第43号）を出し，保母養成施設の指定要件及び指定手続きをより明確化した。そして，その要件のうち，業教科目及び単位数については，翌1952（昭和27）年3月1日，厚生省告示第33号によって，履修科目と配当単位数が示されている[9]。

そこには，必修の「甲類」学科目の1つとして，「綜合実習」が20単位という形で位置づけられている。また，その時間数について，一単位の時間数は，「実習によるものは45時間の授業の課程」とすることが別途で定められており，単純計算で900時間を必要とすることにもなっていた[10]。それ以外の学科目も単位数が多く，全体としては，教育課程の構造化も図られたものとなっている。

そのような基準を示した背景には，保母養成の教育内容を高め，保母の資質向上を図るとともに，短期大学などが指定養成施設となることを期して，前述の「短期大学設置基準」に準じる形で，教育課程を決めたという状況があった。しかし，実際のところ，学生の修得すべき教科目の単位数は，必修の「甲類」26科目だけで全87単位（その他，選択「乙類」も4科目以上履修），総取得単位数の平均が95単位にも及び，短期大学などの2年課程では幼稚園教諭などの他職種の資格・免許を同時に取得することがきわめてむずかしく，「いわば"クローズド・システム"的な養成方法」になっていたといえる[11]。

なお，1951年6月6日には，「児童福祉法」の一部改正（法律第202号）によって，第39条の規定に「保育に欠ける」という文言が挿入されており，幼稚園に対する保育所の独自性が強調された年でもあった。その意味では，翌年にかけて行なわれた保母養成課程の改正も，そうした歴史的な動きを反映し，それとの整合性を図りつつ，同様に，幼稚園教諭に対する保母の養成の独自性を打ち出したものであったとみることができるであろう。

◆第2章◆　保育士養成課程における保育実習の歴史的変遷

4 厚生省児童家庭局長通知「保育実習実施基準」の登場：高度経済成長期の保母養成における保育実習（1962〜1970年まで）

　幼稚園教諭の養成においては，高度経済成長の前夜にあたる1954（昭和29）年10月27日，「教育職員免許法施行規則」の一部改正（文部省令第26号）によって，「教職に関する専門科目」の中に「保育内容の研究」という科目が入り，最低修得単位も示しなおされた。また，「教育実習」も必修4単位（一級・二級ともに同じ）と定められている。

　一方，保母養成には，高度経済成長にともなう労働人口の流動化や核家族化・地域環境の変化，女性の社会進出など，社会の動きを受けての保育需要にこたえる必要性が生じはじめていた。とくに，保育運動の高まりを反映して，保育所などの増設が進みつつあり，保母の不足が予想されること，幼稚園教諭免許との整合性を図り，広く学校教育体系に位置づけられていた短期大学の教育課程へとなじみやすくすること，保母の量的確保だけでなく，質的な資質の向上が期待されていることなどは，まさに緊急課題であった。

　厚生省は，1962（昭和37）年，そうした課題にこたえるため，保母養成課程の全面改定を実施した。すなわち，同年9月26日，「児童福祉法施行規則の一部を改正する省令」（厚生省令第42号）をもって，「児童福祉法施行規則」の一部改正を行なうとともに，「児童福祉法施行規則第39条の2第1項第3号の保母を養成する学校その他の施設の修業教科目及び履修方法」（厚生省告示第328号）によって，保母養成施設の履修科目及び修得単位数の大幅な改定もなされたのである●4。

　そのような改定によって，教科目・単位数が35科目・73単位（一般教育科目が14単位（体育2単位を含む），専門科目が59単位（必修「甲類」52単位，選択「乙類」7単位））以上と定められ，短期大学での保母養成にも沿う形となった。それは，「保母養成所として設けるべき教科目と入所者の履修すべき教科目を分離して定め」る一方，「全体として入所者の学習受容消化力を考慮し，かつ短期大学の設置基準との調整をとるため，最低必修科目を削減したこと」によるものである●5。そして，こうした改定によって，保母養成課程は「いわゆる"オープン・システム"的色彩を持つ方法に変わ」ることとなった[12]。

　また，かつて「綜合実習」として20単位を課していた学科目も，必修の「保育実習」として10単位に改められている。これは，「養成所において行なう，綜合実習は，教室で習得した知識，技術を現場において完成させるものとして意義のあ

るものであるが，保母に必要とされる教養，専門知識の量に比してその養成期間が極めて限られていること，かつ，実習において目図される内容は，現実に職場にはいって後習得可能なものであることを考慮し，綜合実習の単位数を大幅に削減した」という理由によるものであった[6]。

さらに，新学科目となった「専門科目甲類の保育実習は，旧告示における綜合実習に相当するものであるが，この実施要領については，おって指示する予定である」ともされている[7]。この「実施要領」は，同年12月22日，各都道府県知事・各指定都市の市長宛に，厚生省児童局長通知「保母養成所における保育実習の実施基準等について」（児発第1376号）の別紙「保育実習実施基準」という形で示された[8]。これは，保母養成課程での保育実習に関して，詳細を定めた初の文書となるものであり，ここから，現在の「保育実習実施基準」へと改訂がなされていくことにもなる。

この「保育実習実施基準」の特徴については，現在のものと比較した場合，細かな点まで数え上げれば限りがない。大きな違いとしては，次の3点を示すことができる。

第1は，履修方法の違いである。まず，単位数が10単位の履修方法について，保育所に4単位（所要時間180時間，おおむねの実習日数20日間），収容施設に4単位（同前），「学生が上記の保育所又は収容施設のうちから選択したいずれかの施設」に2単位（所要時間90時間，おおむねの実習日数10日間）と定めている[9]。そして，保育所と収容施設（養護施設，精神薄弱児施設，盲ろうあ児施設，虚弱児施設，乳児院，肢体不自由児施設，母子寮，情緒障害児短期治療施設および教護院をいう）の各実習では，2つ以上の施設・種別にわたって実施することも必要とされた。また，「『所要時間数』の履修については，1日9時間（1時間には少なくとも45分以上の実習時間を充てるものとする。）を目標として行なうものとする」というように，「日数」ではなく，「所要時間数」が重視されている点にも特色がある[9]。

第2は，実習時期に関する規制である。「保育実習を行う時期は，原則として第2学年の期間内とし，夏季，冬季等の所定の休日の過半数をこえてこれに充ててはならないものとする」と定め，長期休暇中における実習の集中的な実施を禁じている[9]。また，それに呼応する形で，「保育実習は児童福祉施設等において行われるものに限られるから，修学旅行，夏季キャンプ等の時間を単位に算入す

ることはできないものとする」とも定められていた[9]。最終学年において実習を行なうという原則は一貫して現在へと引き継がれているものの，その他の細かい規制が設けられている点は今日のものとの相違点となっている。

第3は，幼稚園における「教育実習」の単位読み替えである。それについて，「幼稚園教諭の養成を行なっている保母養成所にあっては，教育実習4単位の履修をもって保育所における保育実習4単位を履修したものとみなして差し支えない」と述べている[9]。また，「ただし，この場合においては，学生が選択する2単位については，保育所（3歳未満児を保育する施設を含めるものとする）について行なわなければならない」といった一定条件もあった[9]。こうした「教育実習」による単位の代替は，保母養成課程の"オープン・システム"化という動きを反映したものではあれ，以後，「保育実習」を含めて，保母養成課程全体の独自性を一歩後退させることへとつながるものにもなっていく。

5 保育実習単位の削減と「保育実習実施基準」の一部改正： 低成長期の保母養成課程にみられる保育実習（1970〜1991年まで）

1967（昭和42）年，中央児童福祉審議会に設置されていた「施設職員に関する特別部会」の第一部会で，「保母養成のあり方」が取り上げられた。そして，同審議会は，1970（昭和45）年1月12日，「児童福祉に関する当面の推進策」の一環として「保母の養成確保対策について」の意見具申を行なう[10]。

厚生省は，同年9月30日，それを受け，1962年9月に示していた「児童福祉法施行規則第39条の2第1項第3号の保母を養成する学校その他の施設の修業教科目及び履修方法」（厚生省告示第328号）の一部改正（同第352号）を行なった[11]。また，同日，厚生省児童家庭局長通知「保母を養成する学校その他の施設の指定について」（児発第566号）も各都道府県知事・各指定都市の市長宛に出し，「保母養成所指定基準」を新たに示して，その対応を図っている[12]。

前者の告示では，「専門教科目の総合調整と新科目の増設」が行なわれ，教科目を内容に即して7つの系列に区分する一方，そこに保育原理Ⅱや養護原理Ⅱなどの新科目も加えられた[13]。また，「資格取得に必要な総単位数の削減と自主学習の強化」も図り，旧来は73単位必要であったものを68単位へと削減するとともに，必修の「甲類」教科目を6単位減らして，選択の「乙類」教科目を1単位増やしている[14]。さらに，「将来の志望方向に応じた専門教科目の選択履修の可能

性」も，以前にも増して確保されることとなった[15]。

一方，後者の通知では，旧来の基準である「児童福祉法施行規則」第39条の2の規定に加えて，今後は，別紙「保母養成所指定基準」も適用する形での指定を行なっていくとされ，詳細な事項が示された。これによって，1952年3月の厚生省児童家庭局長通知「保母を養成する学校又は施設の指定及び保母試験について」（児発第93号）の記第1，1962年9月の同職通知「児童福祉法施行規則による保母を養成する学校又は施設の修業教科目及び履修方法の改正について」（児発第1063号）は，それぞれ廃止された。また，1953年3月の同職通知「保母資格証交付について」（児発第122号）も同時に改正されている。

そうした改正とともに，教科目における保育実習の位置づけが，かつての必修10単位から，必修の「甲類」で保育実習Ⅰを4単位（所要時間数180時間，おおむねの実習日数20日間），選択の「乙類」で保育実習Ⅱ（保育所）及び保育実習Ⅲ（収容施設）を各2単位（所要時間数90時間，おおむねの実習日数10日）へと改められ，単位数などの削減が図られた。また，1962年12月に示されていた厚生省児童家庭局長通知「保母養成所における保育実習の実施基準等について」（児発第1376号）の別紙「保育実習実施基準」も，1970年9月30日，児童家庭局長通知「『保母養成所における保育実習の実施基準等について』の一部改正について」（児発第567号）によって改められることとなった●13。その改正の要点は，次のようなものである[16]。

保母養成所における教科目および履修方法の改正の要点
4．保育実習の実施基準の一部改正
　（1）専門教科目甲類の必修単位を保育実習Ⅰ，4単位とし，その内容を，保育所における実習2単位，収容施設における実習2単位とした。
　（2）幼稚園教諭の養成も併せて行なっている保母養成所における「教育実習4単位の履修をもって保育所における保育実習4単位を履修したものと認定する措置」を廃止した。
　（3）保育実習1〔Ⅰ〕における収容施設実習の対象施設として，重症心身障害児施設を，また保育実習Ⅲの対象施設として，精神薄弱児通園施設及び児童厚生施設をそれぞれ新たに加えた。
　（4）児童福祉施設の各類型をできるだけ多く理解させるために，収容施設実習の対象施設を養護施設を含めて3以上の施設種別に拡大した。（養護施設，身体障害児関連療育施設，精神障害児関連施設からそれぞれ1種以上を選択する

◆第2章◆ 保育士養成課程における保育実習の歴史的変遷

> ことが望ましい。)

　このような改正により，現在の保育実習にかなり近い形態がとられることとなった。なお，今回の改正では，「別紙の基準の収容施設における実習に精神薄弱児通園施設を含めないこととしたのは，収容保護児童に対する保育実習を主眼としたためであることを申し添える」，「告示による保母養成所の修業教科目及び単位数等は，学校教育法第109条による短期大学設置基準に準じて定められたものであるから，保母養成所の卒業者については，短期大学卒業者と同等の給与，その他の待遇を図るよう指導すること」といった旧通知の文言が削除されている[14]。また，別紙の「保母養成所指定基準」では，前述の改正点に加え，幼稚園教諭の養成を併せて行なう場合との違いについて，「保母の養成のみを行なう養成所においては，告示に定める保母資格の取得に必要な総単位のほか，専門科目乙類の保育実習Ⅱ2単位及び保育実習Ⅲ2単位を加えて取得するよう各養成所の長をして指導させることが望ましいこと」とされている[15]。

　ところで，1970年9月30日付で一部改正された「保母養成所における保育実習の実施基準等について」(児発第567号)は，3年後の1973(昭和48)年7月11日，厚生省児童家庭局長通知『「保母養成所における保育実習の実施基準等について」の一部改定について」(児発第548号)によって，第二次改正を迎えた。ここでは，大きな改正点として，保育実習Ⅰの実習施設で「精神薄弱者更生施設(収容)，精神薄弱者授産施設(収容)，心身障害者福祉協会法第17条第1項第1号に規定する福祉施設」が，保育実習Ⅲで「精神薄弱者更生施設(通所)，精神薄弱者授産施設(通所)」がそれぞれ加えられている[16]。

6　「事前及び事後指導」の単位設定：
子育て支援政策期の保母・保育士養成課程における保育実習(1991〜2001年まで)

　1983(昭和53)年11月22日，教育職員養成審議会答申「教員の養成及び免許制度の改善について」が出され，教員免許状の種類の改定や免許基準の改善などを提言した[17]。しかし，同審議会は，臨時教育審議会の4回にわたる答申などをふまえつつ，1987(昭和62)年12月18日，答申「教員の資質能力の向上方策等について」をあらためて示し，以前の答申での提言内容に修正を加える一方，教職に

19

関する専門教育科目の改善も求める[18]。そして，それを受ける形で，翌1988（昭和63）年12月21日，「教育職員免許法」と「同施行規則」が改正され，幼稚園教諭の免許状が専修・一種・二種という3種類になり，取得すべき単位にも手が加えられた。とくに，「教育実習の単位数には，教育実習に係る事前及び事後の指導（授与を受けようとする普通免許状に係る学校以外の学校，専修学校及び社会教育に関する施設における教育実習に準ずる経験を含むことができる。）の1単位を含むものとする」となり，従来4単位であったものが5単位へと改められた[17]。

一方，中央児童福祉審議会保育対策部会保母養成課程検討小委員会は，1985（昭和60）年12月11日，「今後の保母養成，特に保母養成教育課程基準の在り方について（経過報告）」をまとめ，保母養成課程の改善に向けた基本的な方針を示している[19]。また，同審議会は，教員養成課程改革の動向も視野に入れながら，1991（平成3）年4月24日，「今後の保母養成のあり方について」の意見具申を行ない，「保育実習については，実習効果の一層の向上を図るため，保育実習に際しての事前及び事後の指導のための単位を設定するとともに，さらに実習施設の選定，実習方法のあり方について検討を行うべきである」と述べた[20]。

そして，厚生省は，同年5月30日，前述した「児童福祉法施行規則第39条の2第1項第3号の保母を養成する学校その他の施設の修業教科目及び履修方法」（厚生省告示第328号）の一部改正（厚生省告示第121号）を行ない，7月5日，児童家庭局長通知「児童福祉法施行規則第39条の2第1項第3号の保母を養成する学校その他の施設の修業教科目及び履修方法の一部改正について」（児発第619号）の別添として，意見具申の内容をあらためて確認した[21]。そこでは，「教育職員免許法施行規則」の改正に準じ，「保育実習については，実習効果の一層の向上を図るため，保育実習に際しての事前及び事後の指導のための単位を設定したこと」が述べられ[22]，その単位数も，「教育実習」と同じ5単位に設定された[23]。

同じ7月5日，2つの同局長通知も，それと合わせて各都道府県知事・指定都市市長宛に出された。1つは，「保母を養成する学校その他の施設の指定基準について」（児発第620号）であり，これによって，1970年9月通知の「保母を養成する学校その他の施設の指定について」（児発第566号）を廃止し，別紙「保母養成所指定基準」を適用することが示された[24]。もう1つは，「保母養成所における保育実習の実施基準について」（児発第621号）であり，こちらでは，1962年12

月通知の「保母養成所における保育実習の実施基準について」(児発第1376号)を廃止し、別紙の「保育実習実施基準」を適用するとされた[25]。

この「保育実習実施基準」には、かなり大きな改正点がみられる[26]。それは、次の5つにまとめることができる。

第1は、従来の「保育実習Ⅰ」が「保育実習」と教科目名を改め、前述したように、4単位配当から5単位配当へと変更されたことである[27]。したがって、「保育実習Ⅰ」という教科目名は、現在もまだ慣例的な使用がされているものの、それ以降、保母(保育士)養成課程には存在しなくなったこととなる。なお、この「保育実習実施基準」では、かつて「保育実習Ⅰ」とされていた教科目の「保育実習」が使用される一方で、それと「保育実習Ⅱ」及び「保育実習Ⅲ」とを合わせた総称の「保育実習」も使われており、全体としては、非常にまぎらわしい。この点は、今回の2003年12月9日における改正でもまったく改められてはいない。

第2は、同基準に示されている表で、「保育実習Ⅱ」及び「保育実習Ⅲ」(各2単位)に対して「選択必修科目」という文字も入れられていることである[27]。しかし、これは、いわゆる「選択科目」(すべての系列にわたって8教科以上、合わせて20単位以上を設置)の中で「5科目以上、あわせて11単位以上」が「必修」との意味であり、まだ両実習のいずれかを必ず選択して履修しなければならないということではなかった[28]。

第3は、各実習の「履修方法」として、かつて「所要時間数」と「おおむねの実習日数」が示されていた部分を、後者のみとしたことである。これは、単位の計算法が改められ、「実習については、学習はすべて児童福祉施設等の実習場において行なわれるものであることを考慮し、毎週3時間15週の実習をもって1単位としたこと」、「『所要時間数』の履修については、1日9時間(1時間には少なくとも45分以上の実時間をあてるものとする。)を目標として行なうものとする」という文言が削除されたことによるものであろう[29]。

第4は、保育所以外の施設における実習の対象施設が増える形となったことである。「保育実習(必修科目)」では、「保育所及び乳児院、母子寮、養護施設、精神薄弱児施設、盲ろうあ児施設、虚弱児施設、肢体不自由児施設、重症心身障害児施設、情緒障害児短期治療施設、教護院等の児童福祉施設(入所)、精神薄弱者更生施設(入所)、精神薄弱者授産施設(入所)又は心身障害者福祉協会法第17条第1項第1号に規定する福祉施設」という表記に改められた[30]。また、「保育実

習Ⅲ」においては，「児童厚生施設，精神薄弱児通園施設等の児童福祉施設（通所）その他社会福祉関係諸法令の規定に基づき設置されている施設であって保育実習を行う施設として適当と認められるもの（保育所は除く。）」とされている●30。

第5は，「実習施設の選定等」という項目において，「保母養成所長は，児童福祉施設以外の施設を実習施設として選定する場合に当たっては，保母の資格を有する職員が直接入所者の指導に従事している施設を選定するものとする」という一文が加えられたことである●30。これは，上述したように，保育所以外の施設における実習が，かなり幅広い施設で行なうことができるようになったことをふまえ，挿入された留意事項であった。

7 「保育実習Ⅱ」と「保育実習Ⅲ」の選択必修科目化：新保育士養成課程における保育実習（2001〜2003年まで）

1997（平成9）年7月28日，教育職員養成審議会は，第1次答申「新たな時代に向けた教員養成の改善方策について」を出し，子どもたちの「生きる力」をはぐくむために必要な資質が期待されるとして，教職課程の改善を提言した●31。そして，翌1998（平成10）年6月4日，その答申を受け，「教育職員免許法」と「同施行規則」が改正されて，「教職の意義に関する科目」や「生徒指導，教育相談及び進路指導等に関する科目」，「総合演習」が新たな教科目として加わることになった。また，2002（平成14）年2月21日，中央教育審議会は，「今後の教員免許制度の在り方について」も答申している。

一方，1997年6月11日における「児童福祉法」の一部改正を経て，翌1998年2月18日の「児童福祉施設最低基準」改正などにともない，「保母」を「保育士」と名称変更して，次年度から実施された。また，「「児童福祉法」法は，2001（平成13）年11月30日にも一部改正され，「保育士」資格が任用資格から名称独占資格へとなり，その法定化が図られている。そして，それによって，「児童の保護者に対する保育に関する指導」も業務に加わり（「児童福祉法」第18条の4），信用失墜行為の禁止や秘密保持義務とともに（同第18条の21及び22），都道府県知事への登録が必要になった（同第18条の18）。

そうした変化に対応する形で，厚生省は，2000（平成12）年9月に保育士養成課程等検討委員会を設置し，保育士養成課程の見直しを図って，翌2001年2月16日，「今後の保育士養成課程等の見直しについて（報告）」と題する報告書をまと

めた。この報告書で示された見直しの方向性は，次のようなものである●32。

> 1　保育士養成課程の見直しについて
> 　　少子化や核家族化の進行，女性の社会進出の本格化，就業形態の多様化，地域の子育て機能の低下など，近年の児童を取りまく家庭や地域の環境は，著しく変化している。このような環境の変化は，児童福祉サービスに係わる需要の増大や多様化・高度化をもたらしており，これに伴い児童福祉の現場や児童福祉サービスの利用者からは，専門性が高く，かつ，多様なサービスに対応することのできる資質の高い保育士の養成が求められている。
> 　　これらの背景を踏まえ，次のとおり保育士養成課程の見直しの方向性を取りまとめるとともに，この方向性に沿い別紙1〔省略〕のとおり保育士養成課程案を策定した。
> 　（1）必修科目の設定に当たっては，育児相談等家族支援を担いうる資質の涵養，学生の自主的学習能力の強化，保育所における乳児保育の一般化や障害児保育の浸透，保育所以外の児童福祉施設における保育士としての専門性の確保など，時代のニーズに沿った科目の強化を図ることが必要である。
> 　（2）多様な資質をもった保育士の養成に向けて，各保育士養成校がそれぞれに創意工夫ができるよう教科目の大綱化を図ることが必要である。
> 　（3）実践力や応用力をもった保育士を養成するため，施設現場における実習の強化を図ることが必要である。
> 　（4）保育士養成校の卒業生の多くが，保育士資格と同時に幼稚園教諭免許を取得している現状を踏まえ，この同時取得をより容易にする観点から，幼稚園教諭養成課程との整合性を確保することが重要である。
> 　（5）総履修単位数については，学生にとっての過度の負担とならないよう現行どおり68単位とすることが妥当である。
> 　（6）保育士養成における専門性の確保及び養成校間格差が生じないようにとの観点から，教授担当者の教授上の参考として，各教科目の教授内容の標準的事項を示すことが必要であり，別紙2〔省略〕のとおり「教科目の教授内容」を取りまとめた。

　これをふまえ，厚生労働省は，2001年5月23日，「児童福祉法施行規則第6条の2第1項第3号の指定保育士養成施設の修業科目及び単位数並びに履修方法」（厚労告第198号）を告示した。そこでは，幼稚園教諭養成の教育課程に準じた「総合演習」と福祉サービスの向上を企図した「家族援助論」とが新たに設けられる一方，「障害児保育」や「養護内容」も必修科目へと改められている。また，それらと合わせて，かつて選択科目の1つにすぎなかった「保育実習Ⅱ」と「保

育実習Ⅲ」も，いずれか一方を必ず選んで履修するという「選択必修」の形に位置づけなおされた。ここには，先述の見直し方針において，「実践力や応用力をもった保育士を養成するため，施設現場における実習の強化を図ることが必要である」と述べられていたことが，大きく反映されているとみてよい。

こうした厚生労働省告示が翌2002（平成14）年4月1日より適用されることに備え，2001年6月29日，厚生労働省雇用均等・児童家庭局長通知「指定保育士養成施設の指定基準について」（雇児発第438号）及び「指定保育士養成施設における保育実習の実施基準について」（雇児発第439号）も示される●33。前者には別紙「指定保育士養成施設指定基準」が，後者には別紙「保育実習実施基準」が通知されていた。

この「保育実習実施基準」でも，いくつかの改正点がみられた。それらをまとめれば，次の2点になる。

一つは，「児童福祉法」などの法令改正にともない，名称変更されたものを細かく改めている点である。具体的には，「保母」を「保育士」に，「保母養成所」を「指定保育士養成施設」に改める一方，実習の対象施設について，児童養護施設（旧・養護施設）や児童自立支援施設（旧・教護院）など，保育所以外の児童福祉施設の名称変更にともなう形でも，その表記が改正されている。

もう1つは，「第4　都道府県及び児童福祉施設等の協力義務」という事項が削除された点である。この事項について，1991年7月通知のものでは，次のような2つの項目が記されていた●34。

第4　都道府県及び児童福祉施設等の協力義務
1　都道府県，指定都市及び市町村は，保母養成所の行う実習施設の選定その他保育実習の実施については，これが円滑かつ適正に行われるよう必要な協力を行うものとする。
2　都道府県及び指定都市管下のすべての児童福祉施設等は，その保母養成所の行う実習施設の選定その他保育実習の実施について，これが円滑かつ適正に行われるよう必要な協力を行うものとする。

これら2項目は，1962年12月に「保育実習実施基準」が初めて通知されたときからずっと変わることなく示されていたものである。その内容も，ほぼ40年間にわたり，まったく変更されていなかった。今回，それが削除されたのである。

◆第2章◆　保育士養成課程における保育実習の歴史的変遷

▍第3節▍ 新「保育実習実施基準」(2003年12月) の特質

　以上，戦後初期における保母養成制度の確立期から，2001年6月の厚生労働省雇用均等・児童家庭局長通知にいたるまで，今日でいう保育士養成課程の保育実習がどのように位置づけられ，それがどう変遷してきたのかをたどってきた。最後に，2003年12月8日の厚生労働省雇用均等・児童家庭局長通知について，その歴史的な意味合いと前回に示されたものからの改正点とを確認し，本章全体のまとめに代えたい。

　2001年11月，「児童福祉法」の一部改正がなされ，保育士に関する規定が改められたということは，前節ですでに述べた。この保育士関連部分の法改正については，2003年11月29日に施行されている。

　そして，同年12月9日，そうした一連の動きを背景として，今回の「保育実習実施基準」が通知されることとなった●35。その通知のされ方は，基本的には，ほとんど前回までのものと変わりがなく，各都道府県知事・指定都市市長・中核市市長宛で，厚生労働省雇用均等・児童家庭局長通知「指定保育士養成施設の指定及び運営の基準について」の別紙1「指定保育士養成施設指定基準」とともに，別紙2の形で示されている。

　しかし，通知本文の最後には，「なお，本通知は，地方自治法(昭和22年法律第67号)第245条の4第1項に規定する技術的助言として発出するものであることを申し添える」という一文があり，こうした位置づけとなった点が，これまでとの大きな違いではあった。ちなみに，「地方自治法」の同条項は，次のような規定となっている。

> 第245条の4　各大臣(内閣府設置法第4条第3項に規定する事務を分担管理する大臣たる内閣総理大臣又は国家行政組織法第5条第1項に規定する各省大臣をいう。以下本章，次章及び第十四章において同じ。)又は都道府県知事その他都道府県の執行機関は，その担任する事務に関し，普通地方公共団体に対し，普通地方公共団体の事務の運営その他の事項について適切と認める技術的な助言若しくは勧告をし，又は当該助言若しくは勧告をするため若しくは普通地方公共団体の事務の適正な処理に関する情報を提供するため必要な資料の提出を求めることができる。

　このような形で通知された「保育実習実施基準」には，以前までのものと同じ

く，前回に示した「指定保育士養成施設の指定基準について」（雇児発第438号）と「指定保育士養成施設における保育実習の実施基準について」（雇児発第439号）とを廃止することが述べられている。しかし，前回のものは，2001年6月の通知であったため，時間的な開きがたった2年半ときわめて短いものになった。このことは，今回の改正の特徴となっている。

そして，それだけに，改正された部分も従来の場合と比較して非常に多く，大まかにまとめて7点をあげることができる。順を追って，その確認をしていこう。

1つめは，「第2 履修の方法」における「備考1」で，「実習施設の種別」の一部が改められている点である。具体的には，保育実習（必修科目）の実習施設のうち，「心身障害者福祉協会法第17条第1項第1号に規定する福祉施設」とあった部分が，「児童相談所一時保護施設又は独立行政法人国立重度知的障害者総合施設のぞみの園」とされた。

2つめは，同じ「履修の方法」において，従来の「備考2」とその「2」との間へ，「備考3」が挿入されたことである。それは，次のような文言であった。

> 備考3　配偶者のない女子で現に児童を扶養している者又は配偶者のない女子として児童を扶養していたことのある者であって，その者が「特別保育事業の実施について」（平成12年3月29日児発第247号）に規定する家庭的保育事業において，補助者として，20日以上従事している又は過去に従事していたことのある場合にあっては，当該事業に補助者として従事している又は過去に従事していたことをもって，保育実習（必修科目）のうち保育所における実習2単位及び保育実習Ⅱ（選択必修科目）を履修したものとすることができる。

ここでいう「家庭的保育事業」とは，引用文中で示された厚生省児童家庭局長通知「特別保育事業の実施について」（最終改正，2004年，雇児発第0430002号）の別添11「家庭的保育等事業実施要綱」によれば，「地域によっては，増大する低年齢児の保育需要に対し，保育所の受け入れの運用拡大や保育所の増設・新設だけでは追いつかない等の場合があることから，応急的入所待機対策として，保育者の居宅で少人数の低年齢児の保育を行う事業」のことであり，「保育所等が保育者に対し相談・指導を行う等の連携を図る事業」である「家庭的保育支援事業」とともに，いわゆる「家庭的保育等事業」として位置づけられている[36]。それは，「保育士又は看護師の資格を有する」者である「家庭的保育者」によって実

施される[36]。

　その事業における「補助者」は，厚生省児童家庭局保育課長通知「『特別保育事業の実施について』の取扱いについて」（児保第9号，2000年3月29日，最終改正，2004年，雇児保発第0430001号）によれば，「有資格者であることが望ましいが，乳幼児の養育に熱意があり，連携する保育所又は児童入所施設（以下「連携保育所」という。）若しくは市町村が実施する研修を受けている者をあてても差し支えない」とされており，「保育者の指示を受けて，保育に従事すること」を担い，5人以下の定員で「3人を超える児童を保育する時間帯は，常時補助者を配置すること」が求められている[37]。また，同職通知には，「なお，母子家庭の母が，本要件を満たす場合は，その積極的な活用に努められたい」と述べられており，こうした「積極的な活用」に結びつく形で，今回，保育所における実習の免除という文言が挿入されたのであろう[37]。

　3つめは，その「備考3」の「3」で，実習時期を定めていた部分が大幅に改められている点である。新旧を並べてあげれば，次のようになる。

〔旧〕
3　保育実習を行う時期は，原則として第2学年の期間内とし，夏期，冬期等の所定の休日の過半数をこえてこれに充ててはならないものとする。また，保育実習は児童福祉施設等において行われるものに限られるから，修学旅行，夏期キャンプ等の時間を単位に算入することはできないものとする。

〔新〕
3　保育実習を行う時期は，原則として第2学年の期間内とし，修業年限が3年以上の夜間部，中間定時制部又は通信教育部については，第3学年の期間内を原則とする。

　4つめは，同じく「備考3」の「6」として，「実習において知り得た個人の秘密の保持について，実習生が十分配慮するよう指導すること」という事項が追加された点である。これは，前述したように，2001年11月の「児童福祉法」一部改定で，新しく加えられた第18条の22における「秘密保持義務」の規定をふまえて挿入されたものと位置づけられよう。

　なお，今回の「局長通知」が示されて以降，2005（平成17）年4月1日には，

「個人情報の保護に関する法律」(2003年5月30日,法律第57号)も全面施行されている。同法との関わりについては,第4章を参照されたい。

5つめは,「第3 実習施設の選定等」の「1」の後段として,「特に,保育所の選定に当たっては,乳児保育,障害児保育及び一時保育等の多様な保育サービスを実施しているところで総合的な実習を行うことが望ましいことから,この点に留意すること」という一文が,新たにつけ加えられた点である。これは,前述したように,ここ数年の「子育て家庭支援」施策との関わりから,保育士の業務に「児童の保護者に対する保育に関する指導」が新しく加わる一方(「児童福祉法」第18条の4),保育士養成課程における教科目「障害児保育」が必修となったことなどを反映してのものであろう。

6つめは,同じ「実習施設の選定等」の「3」で,指定保育士養成施設の実習指導者と実習施設の実習指導者との連携について,そのあり方を前者が中心となる形に改めている点である。新旧を並置してあげれば,次のようになる。

〔旧〕
3 指定保育士養成施設の所長は,教員のうちから実習指導者を定め,実習に関する全般的な事項を担当させることとし,また,実習施設においては,その長及び保育士の資格を有する職員のうちから実習指導者を定めるものとし,これらの実習指導者は相互に緊密な連絡をとり,保育実習の効果を十分発揮するように努めるものとする。

〔新〕
3 指定保育士養成施設の所長は,教員のうちから実習指導者を定め,実習に関する全般的な事項を担当させることとし,また,実習施設においては,その長及び保育士のうちから実習指導者を定めるものとする。これらの実習指導者は,保育実習の目的を達成するため,指定保育士養成施設の実習指導者が中心となって相互に緊密な連絡をとるように努めるものとする。

7つめは,同じく「実習施設の選定等」で,新たな事項が加えられたことである。それはおもに,次の2点である。

---

4 指定保育士養成施設の実習指導者は,実習期間中に少なくとも1回以上実習施設

◆第2章◆　保育士養成課程における保育実習の歴史的変遷

を訪問して学生を指導すること。なお，これにより難い場合は，それと同等の体制を確保すること。
5　指定保育士養成施設の実習指導者は，実習期間中に学生に指導した内容をその都度，記録すること。また，実習施設の実習指導者に対しては，毎日，実習の記録の確認及び指導内容を記述するよう依頼する等，実習を効果的に進められるよう配慮すること。

　こうした改定がなされ，いくつかの文言も新たに加えられたことで，指定保育士養成施設における実習指導の責務がより重いものとなり，その質のあり方は大きく問われる時代を迎えた。近年の子どもをめぐる環境の変化も著しく，保育士に求められている資質も高いものを要求されてきていることが，それらの背景にはある。
　保育実習の歴史は，まさに時代が要請する課題へと対応しながら歩んできたものであった。現在までの歴史的変遷から積極的に学び，目前に山積する課題の解決策を違った角度から見通していくことも，こうした転換期であるからこそ必要だと考える。

【注】

- 1　以下，本章の歴史的記述は，日本保育学会（編）『日本幼児保育史（全6巻）』（フレーベル館，1968-1975），岡田正章・久保いと・坂元彦太郎・他（編）『戦後保育史（全2巻）』（フレーベル館，1980），水野浩志・久保いと・民秋　言（編）『戦後保育50年史・証言と未来予測3──保育者と保育者養成』（栄光教育文化研究所，1997）などに負うところが大きい。なお，保育士養成課程の歴史的変遷については，『保育士養成資料第27号保育士の役割の再認識──養成課程の見直し』（全国保育士養成協議会，1999年9月20日）の第1章「保母養成の歩み」などが詳しい。
- 2　当時の資料は，文部省（編）『幼稚園教育九十年史』（ひかりのくに，1969），文部省（編）『幼稚園教育百年史』（ひかりのくに，1979）にほぼ収録されている。
- 3　〔……〕は引用者，以下同様。
- 4　この時の改正に関する資料は，全国保母養成協議会（編）『保母養成資料』第2号（日本保育協会，1974），厚生省児童家庭局（編）『保母養成専門教科目教授内容ソースブック』（日本児童福祉協会，1965）に収録されている。
- 5　厚生省児童局長通知「児童福祉法施行規則による保母を養成する学校又は施設の修学教科目及び履修方法の改正について」（児発第1063号，1962年9月22日，『保母養成専門教科目教授内容ソースブック』（●4を参照，pp.233-234），『保母養成資料』第2号（●4を参

照，p. 16))。
- ●6 「児童福祉法施行規則による保母を養成する学校又は施設の修学教科目及び履修方法の改正について」(●5を参照，『保母養成専門教科目教授内容ソースブック』(●4を参照，p. 234)，『保母養成資料』第2号(●4を参照，p. 16))。
- ●7 「児童福祉法施行規則による保母を養成する学校又は施設の修学教科目及び履修方法の改正について」(●5を参照，『保母養成専門教科目教授内容ソースブック』(●4を参照，p. 236)，『保母養成資料』第2号(●4を参照，p. 18))。
- ●8 厚生省児童局長通知「保母養成所における保育実習の実施基準等について」(児発第1376号，1962年12月22日，『保母養成専門教科目教授内容ソースブック』(●4を参照，pp. 238-240))。
- ●9 「保母養成所における保育実習の実施基準等について」(●8を参照，『保母養成専門教科目教授内容ソースブック』(●4を参照，p. 239))。
- ●10 中央児童福祉審議会「児童福祉に関する当面の推進策について（意見具申）」(『戦後保育50年史・証言と未来予測3──保育者と保育者養成』(●1を参照))。
- ●11 厚生省告示「児童福祉法施行規則第39条の2第1項第3号の保母を養成する学校その他の施設の修業教科目及び履修方法」(第1次改正，厚生省告示第352号，1970年9月30日，厚生省児童家庭局（編）『保母養成専門教科目教授内容ソースブック（改訂版）』（日本児童福祉協会，1972，pp. 263-266))。
- ●12 厚生省児童家庭局長通知「保母を養成する学校その他の施設の指定について」(児発第566号，1970年9月30日，『保母養成専門教科目教授内容ソースブック（改訂版）』(●11を参照，pp. 267-271))。
- ●13 「保母養成所における保育実習の実施基準等について」(●8を参照，『保母養成専門教科目教授内容ソースブック（改訂版）』(●11を参照，pp. 271-274))。
- ●14 「保母養成所における保育実習の実施基準等について」(●8を参照，『保母養成専門教科目教授内容ソースブック』(●4を参照，p. 238))。
- ●15 「保母を養成する学校その他の施設の指定について」(●12を参照，『保母養成専門教科目教授内容ソースブック（改訂版）』(●11を参照，pp. 269-270))。
- ●16 「保母養成所における保育実習の実施基準等について」(●8を参照，『保母養成資料』第2号(●4を参照，p. 23))。
- ●17 教育職員養成審議会「教員の養成及び免許制度の改善について（答申）」(1983年11月22日，『戦後保育50年史・証言と未来予測3──保育者と保育者養成』(●1を参照))。
- ●18 教育職員養成審議会「教員の資質能力の向上方策について（答申）」(1987年12月18日，『戦後保育50年史・証言と未来予測3──保育者と保育者養成』(●1を参照))。
- ●19 中央児童福祉審議会保育対策部会保母養成教育課程検討小委員会「今後の保母養成，特に保母養成教育課程基準の在り方について」(1985年12月11日，『戦後保育50年史・証言と未来予測3──保育者と保育者養成』(●1を参照))。
- ●20 中央児童福祉審議会「今後の保母養成のあり方について（意見具申）」(1991年4月24日，『戦後保育50年史・証言と未来予測3──保育者と保育者養成』(●1を参照，p. 336))。
- ●21 これについては，全国保母養成協議会会長委嘱特別プロジェクトチーム（編）『保母養成教科目シラバスの研究』（全国保母養成協議会，1999年3月10日）などに収録されてい

- 22 厚生省児童家庭局長通知「児童福祉法施行規則第39条の2第1第3号の保母を養成する学校その他の施設の修業教科目及び履修方法の一部改正について」（児発第619号，1991年7月5日，『保母養成教科目シラバスの研究』（●21を参照，p. 194））。
- 23 「児童福祉法施行規則第39条の2第1第3号の保母を養成する学校その他の施設の修業教科目及び履修方法の一部改正について」（●22を参照，『保母養成教科目シラバスの研究』（●21を参照，p. 197））。
- 24 厚生省児童家庭局長通知「保母を養成する学校その他の施設の指定基準について」（児発第620号，1991年7月5日，『保母養成教科目シラバスの研究』（●21を参照，pp. 198-201））。
- 25 厚生省児童家庭局長通知「保母養成所における保育実習の実施基準について」（児発第621号，1991年7月5日，『保母養成教科目シラバスの研究』（●21を参照，pp. 202-204））。
- 26 この「保育実習実施基準」の意義と課題については，『保母養成資料集第14号　基礎技能・保育実習に関する研究』（全国保母養成協議会，1995年10月1日）の第Ⅱ部第2章「保育実習実施基準の意義と課題」などを参照のこと。
- 27 「保母養成所における保育実習の実施基準について」（●25を参照，『保母養成教科目シラバスの研究』（●21を参照，p. 202））。
- 28 「児童福祉法施行規則第39条の2第1第3号の保母を養成する学校その他の施設の修業教科目及び履修方法の一部改正について」（●22を参照，『保母養成教科目シラバスの研究』（●21を参照，p. 196））。
- 29 「保母養成所における保育実習の実施基準等について」（●8を参照，『保母養成資料』第2号（●4を参照，pp. 23-24））。
- 30 「保母養成所における保育実習の実施基準について」（●25を参照，『保母養成教科目シラバスの研究』（●21を参照，p. 203））。
- 31 教育職員養成審議会「新たな時代に向けた教員養成の改善方策について（第1次答申）」（1997年7月28日，解説教育六法編修委員会（編）『解説教育六法2005（平成17年版）』（三省堂，2005））。
- 32 保育士養成課程等検討委員会「今後の保育士養成課程等の見直しについて（報告）」（2001年2月16日，全国保育士養成協議会事務局（編）『会報・保育士養成（平成13年8月・総会特集号）』（全国保育士養成協議会，2001年8月31日，pp. 56-57））。
- 33 厚生労働省雇用均等・児童家庭局長通知「指定保育士養成施設の指定基準について」（雇児発第438号，2001年6月29日，『会報・保育士養成（平成13年8月・総会特集号）』（●32を参照，pp. 135-141）），同職通知「指定保育士養成施設における保育実習の実施基準について」（●32を参照，pp. 142-144））。
- 34 「保母養成所における保育実習の実施基準について」（●25を参照，『保母養成教科目シラバスの研究』（●21を参照，p. 204））。
- 35 厚生労働省雇用均等・児童家庭局長通知「指定保育士養成施設の指定及び運営の基準について」（雇児発第1209001号，2003年12月9日，『保育士養成資料集第40号　効果的な保育実習のあり方に関する研究Ⅱ──保育実習指導のミニマムスタンダード確立に向けて』（全国保育士養成協議会，2004年10月20日））。

第Ⅰ部　ミニマムスタンダード策定の意義

- ●36　厚生省児童家庭局長通知「特別保育事業の実施について」（児発第247号，2000年3月29日，児童福祉法規研究会（監修）『児童福祉六法（平成17年版）』中央法規，2005，p.631）。
- ●37　厚生省児童家庭局保育課長通知「『特別保育事業の実施について』の取扱いについて」（児保第9号，2000年3月29日，『児童福祉六法（平成17年版）』（●36を参照，p.649））。

【引用文献】

［１］　児童福祉法研究会（編）　1979　『児童福祉法成立資料集成（下）』　ドメス出版，p.366.
［２］　水野浩志　1975　「終戦後の保姆養成の姿」　日本保育学会（編）『日本幼児保育史（第6巻）』　フレーベル館，p.157.
［３］　［１］を参照．
［４］　児童福祉法研究会（編）　1979　『児童福祉法成立資料集成（下）』　ドメス出版，pp.526–528.
［５］　全国保母養成協議会（編）　1974　『保母養成資料』　日本保育協会，第2号，pp.8-10.
［６］　児童福祉法研究会（編）　1979　『児童福祉法成立資料集成（下）』　ドメス出版，p.527.
［７］　全国保母養成協議会（編）　1974　『保母養成資料』　日本保育協会，第2号，p.9.
［８］　［６］［７］を参照．
［９］　全国保母養成協議会（編）　1974　『保母養成資料』　日本保育協会，第2号，p.13.
［10］　［９］を参照．
［11］　鈴木政次郎　1980　「保母資格の設定と保母養成」　岡田正章・久保いと・坂元彦太郎・他（編）『戦後保育史（第1巻）』　フレーベル館，p.265.
［12］　鈴木政次郎　1980　「保母養成と保母の確保」　岡田正章・久保いと・坂元彦太郎・他（編）『戦後保育史（第2巻）』　フレーベル館，p.241.
［13］　厚生省児童家庭局（編）　1972　「保母養成所における教科目および履修方法の改正の要点」『保母養成専門教科目教授内容ソースブック（改訂版）』　日本児童福祉協会，p.259.
［14］　［13］を参照．
［15］　厚生省児童家庭局（編）　1972　「保母養成所における教科目および履修方法の改正の要点」『保母養成専門教科目教授内容ソースブック（改訂版）』　日本児童福祉協会，p.260.
［16］　［15］を参照．
［17］　水野浩志・久保いと・民秋　言（編）　1997　「教育職員免許法施行規則」『戦後保育50年史・証言と未来予測3――保育者と保育者養成』　栄光教育文化研究所

第3章

検討の経緯

以下に，試案の策定から「保育実習指導のミニマムスタンダード」提案にいたるまでの経緯を述べる。

第1節 試案の策定

1 保育実習指導の実態に関する調査研究

平成13～14（2001～2002）年度全国保育士養成協議会専門委員会課題研究は，会員校に対し行なった質問紙調査の結果をもとに，保育実習の目的を達成するための望ましい「指導体制」，「指導内容」，「実習施設との関係」について統計的手法を用い検証しようと試みたもので，その結果は「効果的な保育実習のあり方に関する研究Ⅰ─保育実習の実態調査から─」[1]としてまとめられた。

2 保育実習指導の事例研究

平成15～16（2003～2004）年度課題研究として，会員校における実習指導の現状把握を目的に実習指導に係る資料と事例を収集した。
① 「保育実習」，「保育実習Ⅱ」，「保育実習Ⅲ」とその事前・事後指導において段階的に獲得することが期待される内容・専門性を検討するために，保育実習に係る「シラバス」，「実習の手引き」，「実習許可条件」を収集し，分類・整理した。
② 保育士養成校における実習支援に向けた組織的対応と，実習施設との望まし

い連携のあり方を検討するために,「実習依頼文書」,「訪問指導記録」,保育実習に係る「評価票及び評価依頼文書(評価基準)」を収集し,分類・整理した。
③全国の養成校おいて実践されている実習指導の具体的な事例を収集・整理した。
④地域における養成校間の保育実習指導連携に関する取り組みを収集・整理した。
⑤保育士の専門性と近接する専門職の実習指導における MS 策定へ向けた取り組みを検討した。

これらの結果を,『効果的な保育実習のあり方に関する研究Ⅱ—保育実習のミニマムスタンダード確立に向けて—』[2]第Ⅰ部「実践例から見る保育実習の現状と課題」として報告した。

3 ミニマムスタンダード試案の提案

本委員会は,これまでの調査によって得られた成果に依拠しながらも,新たな発想を取り入れた「保育実習指導のミニマムスタンダード試案」を策定し,『効果的な保育実習のあり方に関する研究Ⅱ—保育実習のミニマムスタンダード確立に向けて—』[3]第Ⅱ部にまとめた。また,同資料集は全国の会員校に配付するとともに,その内容を「平成16年度全国保育士養成セミナー」(2004年10月21日・22日,名古屋市民会館)において,問題提起(専門委員会課題研究)として報告した。

4 全国保育士養成協議会会員校教職員による試案の検討

試案について広く養成校教職員の意見を聴取するため質問紙を作成し,MS 策定の意義,実習プログラム,実習評価,訪問指導,その他の意見の5項目について,自由記述による回答を求めた。また,回答者の属性として,所属校,専門分野等を訊いた。

調査の概要は以下のとおりである。
①全国保育士養成セミナー参加者に対する質問紙調査

平成16年度全国保育士養成セミナー（2004年10月21日・22日，名古屋市民会館）において参加者全員に質問紙を配付し調査を行なった結果，7件の有効回答を得た。回答数が少なかったのは，セミナー当日（10月21日）名古屋を直撃した台風21号の影響が大きい。このため，当日に予定されていた本委員会による「問題提起」はキャンセルされ，翌日，時間を大幅に短縮し発表されたこと，また，セミナー全体のプログラムが変更されたことなどから，参加者がセミナー開催期間中に回答を提出するための時間が十分にとれなかったことが理由として考えられる。

②保育士養成協議会会員校実習指導担当者に対する質問紙調査

セミナー終了後，全国保育士養成協議会の全加盟校に質問紙を送付した。

調査の期間は，2004（平成16）年10月より2005（平成17）年2月までである。その結果，199件の有効回答を得た。

5 職能団体による試案の検討

実習施設において実習生を指導する職員などにより組織された職能団体に対し，試案についての意見・提案を得るために質問紙調査を行なった。調査の対象とした実習施設は，「指定保育養成施設の指定及び運営基準について」において「保育実習実施基準」の「第2　履修の方法」の「備考1」としてあげられているものを，「保育所」，「家庭環境に困難を抱える子どものための施設」，「自身に心身の障害などがある利用者のための施設」に三分し，養成校が実習を依頼する施設を中心とすることにした。調査の期間は2004年10月から2005年3月までで，全国保育士養成協議会会長名でそれぞれの職能団体に対して，試案についての意見を求めるという方法をとった。

回答を寄せていただいた機関等は以下のとおりである。

①全国社会福祉協議会全国保育協議会，全国保育士会からは，機関としての回答を得た。

②全国社会福祉協議会，全国養護施設協議会からは，同協議会調査研究部が，部員が所属する施設の実習指導担当者からの回答をとりまとめたものを，同協議会の回答として得た。

③全国社会福祉協議会，全国乳児福祉協議会からは，乳児院において実習生の

指導・助言を担当する者の意見を付した会長名の回答を得た。
④日本知的障害者福祉協議会傘下の9地区のうち，東海地区愛知県知的障害者福祉協会からの回答を得た。

実習施設からの本試案に対する回答は13件である。この中には「全国保育士会」のように組織としての統一した見解を回答として寄せてきたものや，「全国乳児福祉協議会」のように実習生の指導・助言を担当する者の意見を回答として寄せてきたものが含まれており，これらを職能団体からの回答として一律に扱うことはできない。しかし，これらが本試案に対する実習施設からの貴重な意見・提案であることには違いなく，本委員会はそれぞれの回答について慎重に検討していくことにした。

6　ミニマムスタンダードの提案

本委員会は，上記の調査によって得られた見解・提案等を整理分析し，慎重かつ多面的な検討を行ない，必要な修正を加え「保育実習のミニマムスタンダード」として提案した[4]（第Ⅱ部）。

第2節　試案への意見

1　保育士養成校の回答結果から

（1）ミニマムスタンダード策定の意義

MS策定の意義について養成校からの回答を求めたが，まず，定義的な確認をしておきたい。

本委員会では，MSを「最低基準」の試案としてとらえ，それを策定した。しかし，「最低基準」については「『最低基準』といっても，どの養成校もこれをクリアしなければならないという制度上の基準を意識したものではなく，保育士養成校として共有したい理念やシステム」[5]と限定し，その前提で会員校および実習施設に回答を求めた。

それに対する養成校からの回答は，おおむね，MS策定に対しては賛意が表わ

されているが，上記の前提に関する疑義あるいは異論も寄せられた。たとえば，MSはどこまで養成校を拘束するのか，養成校の独自性はどうなるのかとの指摘があり，あくまでも「最低基準」であるのだから，拘束性ありと解されていることがわかった。

そうした養成校からの回答を検討しながら，今回，本委員会では，MSを「保育士養成校として共有したい理念やシステム」であり，むしろ「標準的事項」としてとらえ直してみた。なお，これについて詳しくは，「⑨まとめ」でふれる。

なお，アンケートはMSの策定の意義についての設問であり，したがって，回答は，「ここを修正すべし」というより，作成されたとして保育士養成校がどうMSをとらえるべきか，どう活用すべきかとの視点が多かった。

本委員会は「試案」のとれたMSを提案するが，問題はその後である。たんに「提案があった」で終わっては，実質的に保育士養成は何も変わらない。そうではなくて，ここで述べられた意見，視点に沿い，本提案としてのMSを活用し，実習指導の質の確保が行なわれるよう期待する。

以下において，回答を引用する際には，「　」でくくる。「…」は省略を示す。また明らかな誤字・脱字は修正して掲載した（以下も同じ）。

①指導体制の検討

MS策定により，学科の指導体制の検討ができるとの意見であり，「指導体制や方法を振り返ることができる」，「今回の試案は，保育実習の本質をふまえた充実した内容になっており，今後の当学科の指導体制づくりに大いに生かせる」等が記されている。指導体制は，実習指導に係る体制と解されるが，広く学科の指導体制の意味にもとれる。いずれにしても，MS策定をきっかけに指導体制の検討が可能とされ，それにMSが資することが期待される。

②指導内容の充実

MS策定により，指導内容の充実が可能とする意見である。充実の視点はさまざまで，次のようにまとめることができる。

（ア）実習指導の基本に関するもの：「実習指導における基本的な捉え方，指導，援助のあり方等を示すことは意義がある」とし，試案から実習指導の基本等を考えようとしている。MS自体，実習指導のさまざまな側面について検討し，MSを作成しているので，このようなとらえ方はありがたいといえる。

また，「MSがあれば各養成校はどのようなところに配慮して実習指導をす

ればよいか明確になる」「より緻密な指導が位置づけられ，実習指導が徹底されるであろう」「厚労省が示している『教科目の教授内容』（第Ⅱ部第5章p.102を参照）より，より具体的で，実際に即した内容である」として，配慮点，緻密な指導に活用できる等が示されている。

（イ）指導内容の確認に関するもの：「指導方法や内容に偏りが生じていないか気になることがある。そのような時，実習指導のMSで確認していくと問題がかなり解消される」とし，偏りのない実習指導をめざそうとしている。

（ウ）実習指導の体系性に関するもの：「MSを一読し，大項目により思索していた内容が，小項目により何処まで指導すればいいのか指導のガイドラインが見えたような気がする」「これは実習指導において尽くされるべき大小の項目を体系化させた試みであり，MSの名称は，そのための最低限度の項目を網羅して明確にしたという意味かと解する」としている。大項目，小項目の組み方に体系性を見いだし，指導のガイドラインになり得るとみている。また，「このMSから指導内容や指導法等総合的に身につけた力を実習という形で確かめていくことが，よく理解でき，実習の組織図として認識することができ，それぞれの役割が明確化できた」の回答では，MSが実習を構造的に認識することに資するとしている。

一方，実習教育の一貫性に関して，「実習指導の内容がクリアになることで，教育の継続性，一貫性，初任者でも実施することができるという点で意義がある」との回答もある。回答者はMS策定により，学科の実習教育の継続性，一貫性までも可能だと考えている。たしかに初任者がMSを熟読することにより，相当程度実習について学ぶことができよう。ここには回答例を記していないが，新設校にとって，MSは実習指導のきわめて良好な，適切な研究・学習材料であるとの意見が多くみられた。

以上のように，MS策定により，実習指導の基本を考え，実習指導の体系性や一貫性を確認することに貢献できるとしている。

③学生の学び

MSと学生の学びとの関連にふれた意見はそれほど多くない。「保育士として必要な職務内容について必要最低限の知識を学ばせる意味でも大変有意義」，「学生意識に幅が大きいため，MSを示すことで一定レベルの指導をめざすことができる」「保育現場がきびしさを増す反面，高卒年代の学生達の未熟さはひどくな

るばかりである。学生の力量をつけるために実習は最適のチャンスであり，そのためのMSは必要」の意見のように，学生の変化を前提として，必要最小限，一定レベルは学ばせたいとしている。

また，「学生にとって，そして現場にとって"良い"実習，指導を確立することは，非常に意義のあることだと思います。このことがこれからの子どもたちの育ちを支えていく大きな力にもなっていくと信じているからです」という意見もあった。

④教員の共通理解・意識改革
　MS策定により，教員の共通理解・意識改革が可能との意見である。多くの養成校において，教員組織の質はさまざまで，また実習指導への協力体制もさまざまであろう。ここに紹介する意見には，それら教員組織への期待もあり，また共通認識にいたらない教員組織へのいらだちが感じられるものもある。

　「教員間の共通理解の上でも，積み重ねて深化させる上でも必要」「実習指導には複数の教員が共同であたることが多いので，スタンダードが示されていることで共通認識が生まれ，よりよい協力体制がとれる」「保育実習（指導）は特異な教科である。これは，専門職としての職業体験指導であり，保育者に値する学生にするために厳格を要すると共に，学科（専攻）全教員が保育士養成に対して共通意識をもって臨まなければならない。そのための体制づくりに今回のMS作成研究は有用だと思う」などと，共通認識への期待が語られている。「実習は実習担当教員だけでなく，保育士養成課程の全教員が関わる。…できれば全教員に配付したい」「学内においても実習指導に対する教職員の意識の違い，教授内容の違いが見られ，ある程度の統一化の必要性を感じることがある」と，全員配付での共通理解を図り，認識の統一が必要と指摘している。

　MS策定は実習指導に関するものであるが，実習指導を軸にすることによって教員の共通認識を図り，そのことにMSは資すると考えていることがわかる。

　一方，「保育の内容や現状も知らないままに，過去の経験のみで，研究や学びの姿勢を持たないまま，独断で授業を行っている方もいる。そんな人々にとっては意味がある」「実習施設からの訪問指導教員に対する批判が昨今多いだけに，教員の資質向上に活用できる」「保育士資格の無い人，保育学の専門ではない人が指導している現状があるので，スタンダードを決めることで，その能力を問われると考える」と述べ，教員の資質向上が必要であるとの指摘もある。

また,「学生たちにより充実した実習をさせるために指導者としてのあり方の重要性を深く感じている」との意見もあった。

⑤実習施設との連携

　実習生が実習施設で実習を行なう以上,養成校と実習施設との連携は必要不可欠なことである。今回のMS策定も,「らせん状の学習モデル」での実習生の成長を期待し,そのためにも実習施設といかに連携し,いかに実習を実りあるものにするかの提案でもあった。

　連携への期待についても,さまざまな視点がある。

(ア) 試案策定時の連携:「実習施設との検討の機会が十分に設けられ,全養成校が共有するということであれば意義がある」。前者については,本委員会として実習施設にアンケート調査を行ない,後者については,MSが試案でなく本提案として結実したとき,全養成校で共有することを期待している。

(イ) 実習内容の提示:「…参考になる基準があると,実習先に対し学生指導の内容や程度を示しやすい」「MSがあれば保育所・施設側との実習に関するコンセンサスが得やすいと考える。つまり,どの養成校が行っても混乱はないと思う」「保養協としてMSを作成することは養成校内部での共通理解をはかる意味合いは勿論,現場サイドからも養成校での指導内容や,養成校の求める実習内容について,より明確化されるというメリットがあると思う」等の意見があり,実習内容を実習施設に提示するのにMSは有効であると指摘している。

(ウ) MSによる一貫した実習指導:「複数の養成校から実習に行く場合など,その養成校の独自性よりも,MSによる一貫した指導の方がより必要だと思う」。これは養成校間で格差のない指導を求めているということである,MSの拘束性と養成校の独自性の問題については合わせて,「⑨まとめ」において述べる。

(エ) 同じコンセプトでの指導:「施設と養成校とが同じコンセプトを持って実習指導ができる」。これは,実習施設と養成校の真の連携と考えられるが,コンセプトの共有までには,時間をかけた両者の協議も必要であろう。現実問題としては,実習懇談会,実習協議会等での協議による共通理解が次善の策であろう。

(オ) 保育現場の意識改革への期待:「養成校全体が一定の水準を維持することで,保育現場の実習指導の意識改革につながっていくことを期待する」。これは,地域にある養成校全体として,実習生を通じて保育現場の意識改革につながる

ことへの期待であろう。しかし，これを実現するには，十分な養成校側の研究，質の高い実習指導が必須であり，また保育現場から学ぶ姿勢も大切であろう。次代の保育を担う保育士養成のための協働でありたい。

(カ) 養成校，実習施設，実習生間の連携：本 MS は実習評価場面への実習生の参加を提案しているが，「実習は現場依存になりがちだが，MS があることで養成校と現場，実習生の三者の共通理解の上ですすめやすい」「保育の公共性・専門性を考えると，三者でいかに実習指導の MS を共有していくのかが問題となる。…実習施設全体との指導交流が課題であると考える」のように，三者の共通理解の必要性が述べられている。三者の共通理解には，相当のくふう，努力が必須である。

なお，保育士の専門性は，これまでも本委員会において研究されてきた課題である。また公共性については，各指定保育士養成施設が公教育としての責任から教育を進めるべきものであり，保育士の国家資格化という点から考えても同様である。

⑥養成校間格差

養成校は，それぞれ独自の建学の理念，学部教育理念，学科教育理念をもち，教育を進めている。実習も学科教育の一環である以上，それぞれ独自な実習教育が行なわれるべきだとの意見も可能である。その論理からすれば，養成校間格差は当然ということになる。しかしながら，指定保育士養成施設として指定を受けたことにより，保育士養成への公的責任も負うことになる。したがって，学科教育の部分と，保育士養成の部分は並立すべきものである。養成校からの回答には，養成校間格差を是認しつつも，それだけにいっそう格差のない状態が望まれるとしている。代表的な回答を示すと，「各校における共通認識と，指針としての進むべき方向性等についての共通基盤となる」「全養成校の指導のバラつきを是正し，底あげするという意味で重要と思う」「実習施設により実習日誌や評価票などの様式や内容に格差があり，指導や評価面でやりにくさを感じるという指摘が多々ある」「養成校間における実習指導のバラつきを解消し，指導の水準を保つために有効」「…例えば実習のレベルや内容などで養成校による隔たりが大きくなりすぎないようにすることに役立つ」となる。

これら養成校間格差は，次に述べる「質の確保」の問題でもある。

⑦質の確保

　質の確保については，保育士資格の国家資格化にともなう，公教育としての社会的責務の観点から記された回答が多かった。たとえば，「国家資格となった今，専門職としての差異化を明確にしなくてはならないと思う。その点での養成校の役割は大きく，全国的にもある程度の質の統一をはかる必要性を感じている」「全国で，ある程度指導内容が統一され改善され続けることが真の国家資格としての保育士資格に繋がる」「地域（地方）間格差の是正にも，今回の研究は大きな意味を持っていると思われる」「保育士の国家資格化に伴い，保育士の質を高めることは保育関係者の責務であり，社会的要請に見合う保育士を養成するためにも実習の果たす役割は大きい」等の回答がそうである。

　一方，国家資格化には言及せず，質の確保を述べた回答がある。「保育士の資質が向上することにより，保育の質が向上する」「一定水準の保育士を養成するためには実習指導にも一定水準のスタンダードがあることは必然だと思う」「最低基準のMSを作成することは，学生へ安定的な一定レベル以上の質が確保された実習指導を提供するために必要である」「実習指導で行うべき最低限のあるいは標準的な指導内容が示されることにより，養成校全体のレベルアップにつながればよいと思う」「各養成校の保育実習指導のより良い効果を出す為には，多くの情報の中より選択，知識を得，互いに努力し，全国的に保育士養成レベルを上げていく事になると思う」等がそれである。

　また，「質の高い保育者を養成するためには，常に現状を振り返って，より質の高い指導を目指す養成校の教員であることが求められる。そのためには，おおよその基準を示していただくことによって，それぞれの独自性を生み出しやすくなると考える」「最低基準をおさえた上でそれぞれの養成校が独自の指導方法を工夫することは，保育士養成全体の水準がレベルアップすることにつながると思う」と述べ，MSを前提としつつ，それぞれの養成校の独自性こそ期待されるとの回答があった。

⑧問題・課題

　最後に，MSの策定について，問題・課題を述べた回答を紹介する。

（ア）養成校の独自性：「MSは指導の方向性を与えるものになると思うのでありがたい。しかし，現場との関係は養成校によってさまざまであるため，MSをもとにそれぞれの養成校が独自に作成することが望ましいのではないか」「養

成校なりの積み重ねやノウハウがあるので，そうした独自性は尊重されるべきである。マニュアル化だけは避けていただきたい」「養成校は多様であるので，あくまでも拘束力のようなものは最低限とし，基礎基本とすべきである」「固定的なものとならず，随時検討し，各養成校の特色も生かしながら必要に応じて変更していく柔軟性も必要であろう」「主旨はよく理解できるが，各養成校の独自性と格差をどう捉えていくのかによって，内容は違ってくると思う」「…MSを見て，改めて自分たちの実習への取組み方を振り返るきっかけとなった。また，それと同時に，我が校の独自性を良い形で維持していく大切さを感じた」。これらはすべて，養成校としての独自性を保証すべきだとの意見である。それらについては「⑨まとめ」において述べる。

(イ) 内容の細かさの指摘：「ミニマムというには内容が細かいように見える。大枠の部分の作成のみでよいのではないだろうか」「どこまでをミニマムとして盛り込んでいくかが課題で，微に入り細に入る形となれば，大学や主体たる学生の可能性を阻んだり，量と質の高さを求めすぎれば現実の様々な条件下で実現性が危うくなる。フレキシビリティを保障しながら練り上げていく努力が必要である」。

　一方，「実習に関しては，看護学校など看護の領域ではかなり多くの病院や社会福祉施設での実習を行い，指導体制もかなりしっかりしていると聞きます。そこでのマニュアルなどをみますと，各指導事項が非常に詳細に述べられています。社会福祉士の実習より，それらを参考にした方がためになります。資格では免許を与える看護の領域からは学ぶべきものが多くあります。また，MSは，短期大学のレベルでまとめられていて，4年制大学の立場からは，もっと何かがほしいという感じがします。物足りなさをかくせません」というようにものたりなさを指摘する意見もみられた。

　以上の指摘があるが，本委員会としては，MSを標準的事項，共通認識としたいと考えている。また本委員会は，特定の学校種別を前提にMSを策定しなかったが，ものたりなさの指摘については，養成校の独自性の中でくふうされることを期待する。

(ウ) 養成校の状況への配慮：「MSの作成及び活用は有意義であると思うが，各養成校の状況を考慮に入れて行わないと形式的なものになってしまうように思う。…養成校教員の質の向上も視野に入れる必要がある」「モデルでなくMS

と位置づけてしまうことに疑問を感じなくもない。目標とする保育士像は共有しつつも，養成段階においては学生の実態と実習先の実態に合わせてカリキュラムの中身を作成していくことが，私たち教員の専門性ではないだろうか」「実際の運用面では，各校の事情に応じてアレンジせざるをえず，これを『最低基準』とするのか『標準』として参考扱いにするのかは検討の余地があると思う」。養成校の状況は前提として認めなければならないが，前提が最優先事項なのではなく，MSを共通言語として一定の質を確保し，そのうえでの独自性であるべきだと考える。

(エ) 実習施設が納得のいくMS：「スタンダードをどこに合わせるかが課題と考える。実習現場が納得いくスタンダードでなければならないと考える」については，既述のとおり，実習施設からも回答を求め，協働の中で納得のいくMSを求めたいと考える。

⑨まとめ

こうして養成校からの回答をながめると，MS試案に触発されて，さまざまな視点から検討，確認が行なわれたことがうかがえる。指導体制はどうか，指導内容に問題はないか，学生の学びに資するものとは何か，養成校の教員の現実はどうか，実習施設との連携はいかにあるべきか，現にある養成校間格差をいかにして克服すべきか，保育士養成あるいは実習指導の質の確保は可能か，などである。このMS試案の提案により，そして養成校教員に回答を求めたことにより，それぞれが保育実習指導に思いをはせ，MSがどうあるべきかについて回答を寄せていただいたことに，本委員会として感謝を申し上げる。

いただいた回答のすべてに沿うMSの提案はあり得ず，参考意見として回答をまとめた結果になることも多いが，本委員会としては真摯に受け止め，検討・協議したことを付言する。

なお，最後に，MSの拘束性と養成校の独自性の問題について見解を述べる。

保育士養成の共通の基盤は，「局長通知」による指定保育士養成施設としての指定である。教育課程，教員面，施設面等は指定基準をクリアしたうえで，教育面においては，実際の運営は「…運営の基準」により粛々と運営されていると考える。保育実習については「保育実習実施基準」にしたがって実施されている。これら諸基準は，共通項であり，どの養成校もそれらをベースとして教育を行なっている。

今回の本委員会によるMSの提案は，それらの平均的な基準，共通項を全体に引き上げるべき「標準的事項」としての提案であり，保育士資格の国家資格化に名実ともに沿うものにしたいとの提案である。

　そして，標準的なもののレベルを上げ，共通に質の高さを確保したうえで，それを前提に「養成校の独自性」があってよいと考える。各養成校が永年にわたってくふうし培ってきた実習指導のノウハウは，養成校の独自性として生かされるべきであり，MSがそれを拘束するものではない。MSが養成校の実習指導を拘束すべきであるとの発想でも，養成校の独自性と決して矛盾するものでもない。ともに保育士養成の質の向上のために必要であると考える。

(2) 実習プログラム

　本節では，実習プログラムのMSに関して養成校から寄せられた回答の傾向を「実習プログラム全体について」「個々の項目について」の2つに分けて紹介する。そして，それらの回答について若干のコメントを加えた。

①実習プログラム全体に関する回答の傾向

(ア) 学生・実習施設との関係について：「実習の事前，事後指導で押さえるべき内容と目標が書かれているので，養成校，学生，実習先にも共通に理解しやすい」「…現場保育者にとっても，実習教育そのものの価値観転換につながる大きな意義を有するものであると考える」など，養成校と学生，さらに実習施設の三者が実習プログラムを共有することの意味についてふれた回答がみられた。保育実習における実習生の指導が効果的に行なわれるためには，養成校と実習施設の共通理解のもとに指導が行なわれることが望ましい。実習プログラムのMSは，三者（養成校・実習生・実習施設）をつなぐものとして十分機能し得るということができるだろう。

(イ) 学生の学びについて：「学生にとって実習の全体像が把握しやすくなる」「実習プログラム，実習事前・事後指導，保育実習Ⅰ・Ⅱ・ⅢのMSを養成校と施設が共有することで実習学生の学びの焦点やサポート内容が明確化され，充実した実習が期待されると思う」「教員はもちろん学生に対しても，実習を通して追求すべき目標・課題が明確になった」など，実習生の学びという観点から今回の実習プログラムを評価する声がみられた。学生が，保育実習Ⅰ・Ⅱ・Ⅲそれぞれの目的や方法を把握するだけでなく，おのおのの実習がどのよ

うに関連しているのかを理解することが学習の深まりにつながるという見方である。現実的には保育実習Ⅰ・Ⅱ・Ⅲの担当教員がそれぞれ独立して存在しているケースが少なくない。そのため，それぞれの教員が自分の担当外の実習がどのような目的や方法で行なわれているのかをよく知らない，ということも考えられる。その場合，学生にとって保育実習全体を見通して学びを深めることはきわめてむずかしいものとなる。保育実習プログラム MS によって，全ての実習（保育実習Ⅰ・Ⅱ・Ⅲ）の目標や課題を示したことは，養成校の教員が保育実習全体のしくみを把握したうえで個々の実習指導を行なうことを可能とする。

　養成校の教員の専門性は多岐にわたる。必ずしも保育を専門領域としない教員も存在する。そのような現実の中で共通のプログラムがあることは，効果的な実習指導（一貫性をもった指導）を行なうことに貢献する。そしてその結果，学生はそれぞれの実習を相互に結びつけながら学びを深めることができると思われる。

（ウ）**各養成校の独自性との関係について**：「…養成校の独自性や特徴がそこなわれない範囲で考えるべき」「各大学で特色を出したいと考えた場合，MS と相容れない部分が出てきた際には，都合が悪くなる」「しばられすぎると養成校の独創性がしばられて失われてしまうことも考えられる」「地域性，私学の独自性をどう取り入れるか，競合することに対してはどうするのか」など，実習プログラムを MS 化することと，各養成校の独自性確保の問題に関してふれた回答である。本委員会としては，各養成校の実習プログラムをスタンダード化することと，各養成校の独自性を確保することは，矛盾する関係ではないととらえている。両者は両立すべきものであり，MS を基準としたうえで，各養成校がそれぞれの特徴や独自性を付加しながら成立するのが実習のプログラムである。

（エ）**各養成校の実態との関係について**：「…本学は短大であり，ほとんどの学生が2年の修業期間に幼稚園教諭2種免許状・保育士資格の取得を目指していることから，履修すべき科目が多く…提起されたプログラムを実施するのは相当の困難が伴う」「…本当に現場でこの全てが実施できるか，疑問である。…園にも学生にも負担が大きすぎるのではないか」「実習後の指導がその後の学生の学習態度に大きく影響すると思われるが，そうした時間を確保することも容

易ではない」「専修学校の立場も配慮していただきたいと思います。専修学校は組織，指導者数とも少なく不十分な点が多々あります」など，おのおのの養成校の実態をかえりみたときに，今回の実習プログラムのMSをそのまま実施することが困難な養成校があることがわかる。

　今回のMSは，保育実習指導を行なううえで不可欠な要素と思われる項目を抽出して整理したものである。現在，養成校には短大（2年制・3年制），専門学校，4年制大学などさまざまな種別がある。そして，それら養成校の種別を越えて，最低限必要と思われる項目を示したのが今回のMSである。しかし，今回のMSは各養成校における具体的実践方法まで詳細に示したものではない。各項目の具体化は各養成校に任されている。各養成校が，自校の置かれた実態に即しながら，MSの内容を実践化することが必要となるだろう。

（オ）「…させる」という表記について：「…させる表記は，学生に提示するものではなく会員校向けの資料と言うことであるが，大いに違和感を覚えた」「『…させる』の表記については，…『…する』と表記する方が望ましいと考える」など，今回の実習プログラムMS内の表記について，養成校から，また口述するように実習施設からも，「…させる」という表記に違和感がある，あるいはふさわしい表現とは言えないなどの指摘がある。その理由の大半は，学びの主体は学生であり，「…させる」という表記は，教員が指示した内容に対して，学生が従属的に学ばされる授業形態を連想させるというものであった。この指摘についての本委員会の見解をここで述べたい。結論からいえば，実習プログラムMSにおいて，「…させる」という表記を採用する。理由は以下の2点である。

　第1の理由は，今回の実習プログラムのMSはあくまでも「実習指導」のプログラムであり，指導する主体は養成校の教員である，ということである。仮に，MSが実習内容のプログラムであれば，学習の主体は学生となり，「…する」という表記になる。

　第2の理由は，「…させる」という表記をすることによって，養成校教員が学生に対して指導者の立場にあることが明確になるという点である。誤解のないようにつけ加えると，ここでいう指導とは，ねらいを設定し，適切な教育方法を選択し，学生を指導することであり，教員が一方的に決めたねらいを達成するために学生を従属的立場に置くような指導ではない。

養成校の教員が，学生に対して，「学ばされる」学習ではなく，みずから「学ぶ」主体的な学習を望むことに異論はないし，教員がこのような願いをもつことは当然のことだと思われる。けれども，この願いには気をつけなければならない点もある。学生の主体的な学びを中心として授業を組み立てようとした場合，ややもすると，（指導をしすぎると学生の主体性が育たないのではないかなどを理由として）教員の指導性が発揮しにくくなることがある。その結果として，指導内容そのものへの見直しがおろそかに（教員の指導内容や授業方法よりも，学生自身の意欲や姿勢に授業の出来不出来の原因を求めるように）なることもある。このような状況では，授業内容や方法の質的向上への教員自身の積極的な取り組みを期待することはむずかしくなる。保育士養成校が保育士を養成する目的をもって存在しているのだとすれば，その養成校に勤務する教員が保育士養成に関する指導者として存在することは自明のことであるにもかかわらずである。

とすれば，養成校における指導とは何かを整理し，養成校間でおおよその共通理解をしておく必要があるだろう。学生自身がみずから「学ぶ」機会の保障と教員の指導をいかに両立させるかについての共通理解といってもいい。そこでここでは，指導を「教員の明確な教育目的のもとに，学生の主体的な学びが生まれ，かつその学びが深まりをみせるような環境をつくり出すための行為全体を示すもの」ととらえたい。「…する」「…させる」という言葉を用いて言い換えれば，学生が「…する」状態に「…させる」のが教員の指導ととらえるのである。

「…させる」という言葉のもつイメージに，学習者の主体的な学びが連想しにくい部分があることは理解できる。しかし，それが直接的なものであれ間接的なものであれ，教員の意図的なはたらきかけがなければ，養成の目的（ねらい）の達成は困難である。学生の主体的な学びを支援する目的で行なわれる教員の意図的なはたらきかけについて，「…させる」という表記を用いるのであれば，「…させる」と表記することがすなわち学生の主体的な学びをそこなうような指導につながることにはならないだろう。

②個々の項目に関する回答の傾向
（ア）地域社会・親との連携について：「施設や地域社会との連携，子どもの最善の利益については，これまで実習の中に盛り込まれにくい項目であったと思い

ます。現場体験は困難でも，事前に学んでゆくことは大切だと思います」「親とのかかわり合い，地域とのかかわり合いなどに目を向けることができる…」など，児童福祉法改正後，子育て支援に関わる業務が保育士の職務と明記されたこともあり，養成校の教員の中で，学生が子育て支援に関わる内容を学ぶことに対して関心が高いことがうかがえる回答がある。一方で次のような回答もみられた。

「…『地域における子育て支援事業～』『…保育所全体で子どもの最善の～』は実習期間的にむずかしいのでは？」「保育実習Ⅰ（施設）で『…施設，家庭，地域社会との連携について理解させる』には至らない」「家庭との連携を実習中に求めることには無理がある」など，子育て支援を項目としてあげたことに対して評価する養成校がある反面，実際に学生が実習中に地域や家庭との連携について学習できるか，という点において消極的な見解の養成校も多い。とくに施設実習においては，子どもの個人情報保護などの理由から，子どもの家庭環境についての情報を実習生が知ることができないこともめずらしくなくなっている。しかし，実習生が実習施設で子どもと関わりをもつときに，子どもの実態を把握したうえで関わりの手だてを決めることは，その関わりを適切なものにするためには不可欠である。実習を進めていく中で，実習生が子どもや家庭の情報を知ることの必要性について明らかにしたうえで，個人情報保護の問題と照らし合わせて，今後，慎重に検討していくことが必要であろう（第4章「『個人情報の保護に関する法律』の施行にあたって」を参照していただきたい）。

（イ）**事前事後指導**について：「事前事後の不十分さの指摘がなされていること」「事後指導MS内容の検討（項目の追加等）を望む」「事後指導の内容が貧困」「事後指導の位置づけ，内容がやや不明瞭である」「『事後指導』の重要性を考える。実習報告会などで施設現状など情報の共有する内容をいれてもよいのではないか」「事前・事後指導において，他の教科ともっと関連づける必要があるのではないか」「事前・事後指導での単元を他の専門科目と有機的に関連づけるなどしていただければ…」など，事前事後指導の実習プログラムについては，不十分であるとの指摘も少なくなかった。とくに，事前指導に比べ，事後指導の内容が不十分であるとの指摘が多かった。このことは多くの養成校教員が，事後指導の重要性について認識していることを示しているといえ，今後検

討を重ねていく必要があると思われる。保育実習が諸教科における学びを統合していく営みならば，実習プログラムが諸教科と強く関連することは必然である。ところが，実際には実習と他教科の結びつきが必ずしも十分ではない養成校があることが回答からうかがえる。

(ウ) 小項目の具体性について：「小項目が具体的とは言い難い」「実習項目の中に『子ども理解』のための具体的項目が必要と思われる」「知的障害者における小項目もあれば…」「『小項目』については全体的にもう少し多く設定し，養成校の必要に応じ，選択できるようにしても良い」など，それぞれの小項目をより具体的，詳細に記述することを求めた回答がみられる。

　MSでは，養成校の独自性をそこなわないよう，基準が詳細にわたることには慎重な姿勢を示しているが，上記の意見は，養成校教員がよりどころとなる基準を求めているということを示している。

(エ) 保育士の資質について：「求められる保育者像，例えば人間性や倫理性（職業倫理），専門性などや教員に求められる資質などが『前文』にあればと思います」「…倫理観（守秘義務や法令等）や，保育所・施設設置基準，入所基準等，国家資格である認識を『事前指導』の中で習得させるべきではないか」などと指摘されているように，保育士の資質や倫理観などについて，学生が保育実習という実践の場において，体験的に学ぶことの意味について検討する必要があるだろう。

③用語の変更（実習プログラム→実習指導計画）について

　昨年度提案した試案では，保育士としての専門的な知識と技能を実習施設で培うために，養成校側が学生に学ばせたい（理解させたい）実習指導の具体的内容を，「実習プログラム」として示してきた。しかし，今回のアンケートから，「実習プログラム」という表記ではこのプラグラムを実践する主体が学生であるのか，養成校の教員であるのかがわかりにくく，「実習プログラム」とは学生自身が学ぶ内容を整理したもの，と解釈される可能性もあることが明らかになった。われわれが作成に取り組んでいるのは保育実習指導のMSであり，指導の主体は教員である。教員による学生に対する指導の計画，であることをより明確に示すために，第Ⅱ部に示す「保育実習指導のミニマムスタンダード」では，これまで「実習プログラム」と表記してきた部分を「実習指導計画」に変更することにした。

（3）実習評価

　実習評価のMSに対して寄せられたコメントのうち，本項では，感想以外の意見や提案等をまとめる。実習評価のMSは比較的ふみ込んだ内容であり，そのことへの批判もみられたが，基本的な方針にはおおむね賛意を得られた。ただ，実際に運用していくのに際しての条件や困難さについてのコメントには無視できないものがある。

　以下，主として批判的な見解をあげながら，それらに対する本委員会の見解をいくらか加えたい。評価は教育とは何かという哲学に関わるため，それらの見解がMSの哲学自体にふみ込んだ内容になる場合もあるが，私たちの意図やその意味を確認するために，ここでもあらためてふれておく。なお，それらをどう生かしたかについては，第Ⅱ部第6章「実習評価」のMSとその説明を参照されたい。

①実習評価の考え方に関して

（ア）らせん状の学習モデル：「実習の評価を結果として捉えるのではなく，指導の過程として位置づける捉え方が非常に参考になった」というコメントにみられるように，基本的な考え方にとくに反対意見はみられなかった。しかし，「…実際の評価票にどうとりこみ，生かすか…」「実習Ⅰ・Ⅱの達成目標をもう少し具体的に明確化し…」といった，具体的な取り組みについての課題が指摘された。またこうした学習観について，「…現場の理解をとれるような関係を築く」ことも課題となるであろう。

（イ）学生参加による評価：「…三者による面談を持てる時間があるかどうか，その運用面など…」を課題とするコメントのほかに，「その考えはよいが」といった前置きとともに，「…時間的制約，基本的な考えの調整等から…一般化は困難ではないか」「…現実問題として，現場とどのようにコンセンサスを作っていくかなど課題は多い」「…実習担当教員の多忙さの中で，教育的正当性を貫く事は不可能に近い…」といった意見がみられた。

　　学生参加による評価という考え方自体を評価しつつ，それを実現するうえでの現実的な障壁が指摘されている。それらは私たちのほとんどがリアリティとしてうなずけることであるが，カリキュラムや指導体制あるいは方法上のくふうによって，ある程度は克服できることと考えられる。また，よいことであると理解するのならば，保育現場の理解を得る努力もしながら，その実現の方途

を探ることが今後ますます私たち養成校に求められてくるのではないだろうか。
（ウ）**実習評価と人格への評価**：議論を喚起する提起と考えていた筆者らには意外であったが，「実習評価が人格評価と切り離して考えられるべき」という見解に，明確な反対意見はみられなかった。

　　ただ，「学生の人間性が実習中のさまざまな行動につながっていることを考えると，よほど慎重に見ていかなくてはならない…」といった指摘には留意する必要があろう。本委員会では，人格と保育士としての資質を分離可能な別物と理解しているわけではなく，むしろ切り離せないことと考えている。しかし，評価の対象とするのはあくまで，保育士（保育実習生）の技能やふるまいとして立ち現われてくる側面に限定したいということである。

　　心理学を専門とする回答者から，「『人格』という言葉が明確な定義なしに使われている…，非常に奇異な（間違った）使い方をしているように思われる。…」という指摘があった。さまざまな専門性を背景とする保育士養成校の教員の間で議論を進めていくときに留意すべき指摘であろう。MS試案では，学術的定義ではなく一般的な了解としての「人間性」のようなものとして「人格」という言葉を使っていた。同じ回答者が整理しているように，「実習の場では，その人の保育士としての『適性』の評価は許されるにしても，『人格（personality）』の評価を求めるべきではない」といった整理をあらためてやり直す必要があるだろう。

　　MS試案では，実習評価について，保育士の業務を遂行するのに必要と思われる知識・技術・ふるまい等として目に見える具体的事項に限定している。実習生の人間としてのあり方や信条を，同じ人間である指導者が価値づけしたり不用意に攻撃したりするような，謙虚さの喪失を避けたいという考えもあった。一方で，教員や現場の保育士が，これから保育士になろうとしている実習生に，その専門性から保育士としての評価を示して成長への課題を明らかにしていくことは，合理的であるし必要である。そのためにも「教員の教育目標をより明確にしていく必要がある…」だろう。

（エ）**全般**：実習評価の考え方全般についてはおおむね同意を得られた。

②**現場実習の評価**

（ア）**中間評価**：中間評価が実習効果を高めるものとして期待されている一方で，次のような意見がみられた。

◆第3章◆　検討の経緯

　まず，「…保育所は，子どもたちの生活の場であり，実習生の評価をするための場所ではない。学生も評価を得るために実習することになると思う」という危惧がみられた。こうした見方こそ，私たちがあらためて考えてみたい課題である。保育所が子どものための場であることは疑うべくもないが，より広く長い目でみたときに，よい保育者を育てることが，子ども全般の利益にかなうことにも異論はないだろう。保育所は子どもたちの生活の場であると同時に，保育者が育つ場でもある。また，評価を成長に向けた1つの過程ととらえるなら，評価を得ることのみを目的とした実習は無意味であり，そのことを学生・教員とも理解することが大切である。
　「評価票に照らした中間評価を実施することには反対である。…評価基準がかなり主観的であるうえに，同じ人が評価しているわけではないから…具体的な場面での本人の課題内容やすぐれた点を直接現場の先生方から話して頂き，指導して頂く方が効果的である」という意見もみられた。実習評価を主観的基準で行なうほかないことは，最終評価でも同様であろう。意見の中の後者の方法をとっても，主観的で人によりその内容が異なることはまぬがれない。であればこそむしろ，着眼点だけでも共有し，すなわち学習課題を共有したうえで，実習に臨み，成果を確認していく作業が求められると考える。
　時間的な問題も指摘されている。「…1日をふり返ってのコメントをもらうことが難しい現状，中間評価よりも，まず日々の実習のふり返りのためのコメントをもらうことから…」といった意見などである。時間については，できるだけテンポよくペンを走らせることができるようなものにする必要はあるだろう。中間評価は，実習後半への指針が明らかになればよい，といった位置づけで十分であろう。日々のふり返りが重要なことは言うまでもない。しかしその指導はまさに現場によりさまざまである。現場の負担をなくすためにはむしろ，毎日評価票をつけて，とくに気がついた点のみ簡潔にコメントを加えるといったものも考えられる。そうすれば，日々何が欠けていたのかを具体的に確認しながら課題意識を継続させることができる。
　「実習日数，回数，学生数が増加している今日，このことを実習園に依頼することは大変困難である…」ことには疑いの余地がない。であれば，評価票を，より記入しやすいものにし，また，中間評価においては各項目評価にとどめるなど負担を減らさなければならないであろう。また，こうすることにより保育

士が育つという確信を実習園と養成校で共有する努力が必要である。

「評価を受けた学生に対する養成校教員のかかわりを考えると，教員の質の向上も考えていく必要がある…」という点も貴重な指摘である。養成校教員が多様な背景をもち，また成長しつつある専門職と考えるなら，相互に開かれた継続的なコミュニケーションを確保して，意識と能力の向上を図る必要があるだろうし，全国保育士養成セミナーや本研究での試みは，その点でも意義があるといえる。

(イ) 最終評価：指導教員や施設長の同席による三者での評価については，現実的問題から反対が強かった。「…180人近くの学生一人一人への個別指導は時間的・物理的・人的に不可能ではないか…」といった指摘に加え，「…職員側の勤務条件等の制約も考えられ，現場に要求する部分が過度な負担になり，逆に受け入れ態勢においてマイナス要因になる恐れがある」という面も危惧されている。

(ウ) その他：指導保育士への報酬について，「…公務員の場合，受け取ることはできない…」，「…市町村役場から実習の報酬は受け取ってはならないと言われているところが多い」といった制約が指摘された。この点については，実習評価のMSという趣旨から外れた「若干のアイデア」であった。しかし，現場の保育士による後進の指導に対して，なんらかのインセンティブを認めるような制度について検討していくことは有益である。アメリカ合衆国では，教育実習指導の担当教員に現金もしくは3単位分の無料受講権を提供するといったことがみられる。

評価票の開示については，「…学生に実物を見せないことを前提としている」，「実習園側の要望として評価は公表しないで欲しいということもある」という指摘があった。施設間の理解が異なるということがその一因としてあがっており，「…『施設間格差をどのように考えるか』を追加希望する」という要望があった。

多くの課題は，「…いずれにせよ実習施設との連携が必要であろう」という点に集約されるだろう。

③教科目「保育実習」の評価

(ア) 成績評価の基準例：件数からいえば賛成がめだった。しかし，次のような課題も指摘されている。長いが引用する。「現実的には，保育実習5単位は実

習の事前・事後指導で1単位，保育所実習で2単位，施設実習で2単位を履修することになるのでそれぞれが教科として成績評価する必要があり，時期も同一でなく開講時期に合わせて評価点を出すことになる。したがって，成績評価基準（第Ⅱ部第6章表6-1）の1つの例示だけでは不十分で，少なくとも事前・事後指導と実習とは別の例示が必要ではないか。また，割合などは，各養成校の実態に合わせることで例示の必要性を感じない。たとえば，事前・事後指導については学内の教科における評価であるから，実習施設の評価は加味する必要はなく学内の学生の学習態度や習得状況が中心となり，定期試験を行う場合などは試験結果も重要な評価内容となる。逆に，保育実習4単位（保育所，施設）では実習施設の指導がファクターとして重要なのであるから，客観評価を調整したものが中心になり，あと学内での提出物や日誌の内容などが加味されるというのが現実的ではないか」。

さらに，「学生の自己評価を実習評価に組み込んでもよいのではないか」という指摘も本MSの趣旨に沿ったものなので，検討したい。

（イ）その他：「若干のアイデア」については，肯定的な受け止め方以外に，「学生の育ちを急ぎすぎ，表面的評価になる」，「立ち入りすぎている気がする」といった指摘があった。ただ，ここは，MSに加えて実習評価をより豊かなものにするために，各養成校にどういったくふうがあり得るかという例を示したものであるので，そのように理解されたい。

④ 実習評価票に関して
（ア）項目，評価の内容：具体的な例示があったからか，関心が強く，さまざまな意見が出された。

肯定的な評価を集約している意見として，「保育士になるために努力することが必要な内容が項目ごとにあげてあり，力量や向学心を持ち前進しようとする姿の評価になっており，人格評価になってはいけないことがよく分かった。所見の欄で学生一人ひとりの具体的な内容（プラス面・マイナス面）も明らかになりその達成度や新たな課題がはっきりする…」をあげておく。

一方で，次のようなさまざまな指摘があった。「評価の内容の項目が幅広く解釈されてしまうのではないかという懸念を抱いた」という，項目の抽象度の問題が指摘された。このことを解消するために，「『〜ができていましたか』などもう少し具体的に分かりやすい言葉で書く方がよい」という提案があった。

また,「各養成校が同じ項目で同じ評価をすることは…個性のない優等生的な保育士のみを作り出すことになるのではないか」という懸念が寄せられた。

　項目については,「実習生の立場では『協働性』は発揮しにくい…」という指摘があった。また,「…『態度』『知識・技能』と2つに大別されているが,『知識・技能』を『理解』と『技能』に分け,3項目の方がよいのではないか」という提案があった。

　「各項目に所見を求めるというスタイルは,多忙な現場から支持を得られるものであろうか。評価者自身の資質という問題点もある。試案の通り,両者の事前～事後までの調整が密であれば妥当なものと言えるが,現実問題として悩む」という,現場との調整の問題も指摘された。

（イ）評価尺度：3段階評価はおおむね支持されているが,「…1施設に2～3人程度実習することになるので,差があった方が評価しやすい…」「3段階評価では低い評価はつけにくくなり,まん中かその上になるように思われる」といった懸念もみられた。

　「施設や園では,概ね,大きく,上・中・下・不可という形はよいという意見が多いように思われる。不可の項目をどのように入れるのか,また,不可だった学生の指導はどうあるべきか考慮する必要がある」という提案もあった。

　点数化については「…各項目3段階評価の重みづけが4：3：2であることに,総合評価において各項目間の重みづけがなされないことの妥当性に,若干の問題が残る…」という疑問が提示された。合計点を総合点として算出するとすれば,指摘のとおり,重みづけが必要である。

（ウ）総合評価：「評価は点数化より講評が参考になる」という意見がある。また,「総合評価欄は不要だと思う。個々の項目で実習評価は判断できる。総合することによって平均化され,学生の実習状況がかえってみえなくなる」という指摘があった。

（エ）評価基準：「実習評価基準については,各養成校で考え方がまちまちであるし,実習機関においても統一見解は図れないと思われるため,各養成校に任せるほうがよいのではないか」といった指摘がある。しかし,このMSはここをこそ改善する企図である。保育士養成課程に多くの学生が集まる今日,資質・能力の幅が大きな多様な学生を,利用者及び社会の一定の信頼に足る専門職とするためには,養成プログラムの平均的な水準を高める必要がある。そのうえ

で，各養成校が個性を発揮すればよい。

「公正な評価によって学生をランク付けるのではなく，学生の現状に対しての課題（今後の目標）を提示することが評価であると考える。むしろ，実習生として合格を出せない基準を明確にするのがよいと思う」という指摘があった。前段は，まさに MS の考え方である。後段は検討しなければならない事項であろう。

前項同様の評価基準の統一への懸念がみられる中，「1 年次，2 年次，1 回目，2 回目，ステップ評価はどうか」という提案があった。

「あまり具体化せず，評価の柱とねらいを明示してほしい。それに従い各校が学生状況を考え評価基準をつくることが大切である」との指摘もあった。

（オ）評価票全体：おおむね理解が得られ，高い評価を得ている。ただ，運用上の問題や，学生の質，教員の質などの課題も，さまざまな悩みとともに提示されており，興味深い指摘が多くみられた。

ここでは，代表的な批判的意見を示しておく。「実習評価の MS を提示することに意味を見出せない。各養成校の試行錯誤の上に出来上がった評価票を否定するようなものに見える」という厳しい指摘があった。そういう養成校ばかりであれば，指摘はもっともであるが，十分な試行錯誤なく慣習として継続している養成校もある。現実に多くの回答者から MS の提示が支持されており，新設校などにおいて大いによりどころとなっている。MS が強制力をもたない現状では，「否定する」といった機能ももち得ない。

「保育活動そのものに対する評価方法が決定していない中で，実習評価を行うのは困難がある」という課題も指摘された。「評価方法が決定する」という事態が近い将来訪れるならば，それを待てばよいが，私たちは，現実に実習指導を日々進めていく中で，なんらかの評価をして改善に導くという作業を避けることができない。であるならば，さしあたりの尺度をもって評価をし，その尺度自体の評価と改善もしながら，実践を進めていくほかはない。

「評価法については，各養成校や教員の考え方によって，かなり違いがあるように思うので，内容を統一することは難しいのではないか。実際には，実習先の考え方も様々で，迷うところである」という現状認識からの批判もあった。MS のとおりにやるというのでなく，MS という共通のたたき台のもとに，各養成校が自覚的に独自に発展させていけばよい。

「…事前・事後指導に関する評価を入れることが必要である。日々の学習の積み重ねの上に実習は成立するのであり，実習だけを評価してしまうと，10日間だけをしのぐことに逃げてしまう学生が増えないか」という，実習評価の位置づけに関する指摘もなされた。もっともな指摘である。しかし実習も評価しなくてはならない。教育課程全体の中での実習とその評価の位置づけをする必要があるだろう。

「実習施設に求めることが多すぎるのではないか。できる限り現場の負担を軽くするよう工夫することは大切…」という指摘は，現状からは理解できる指摘である。MSでもテンポよくつけやすい評価等，負担軽減を意識しているが，さらなるくふうが必要であろう。

（4）訪問指導

本節では，訪問指導のMS試案に対し寄せられた回答のうち，感想以外の意見や提案等について，本委員会の見解を若干加えながら紹介する。なお，それらをどう生かしたかについては，第Ⅱ部第7章のMSとその説明を参照されたい。

①実習における訪問指導の位置づけ

（ア）実習全体における位置づけ：MS試案にも述べられているように，「訪問指導」は，学生が実習を実施している時間に，実施している場で，養成校の教員が直接指導する形態であり，その機会ということになる。また，学生が保育士として育つ学びを支えるために，いくつかの機会を設け養成校と実習施設とが連携と協働することになるが，直接学生に向けてその連携と協働を実践する機会が訪問指導であるともいえる。

訪問指導の全体的な質の向上，ひいてはより質の高い保育士養成の実現につながることを期待する肯定的な意見として，「…実習訪問指導のMSは，養成校間における指導格差を無くし，ひいては保育士養成校全体の水準向上に繋がることである…」「…養成校としての姿勢を共通化し，施設との信頼関係を築くうえで有用である…」「…実習施設に対して養成協議会全体の要請や態度を示す事ができるという点で意味があるのではないか…」といったコメントが多くみられた。このように，養成校と実習施設との連携・協働において，訪問指導の重要性を確認する一方，「…ここに示された具体的な事項を実行しようとしても，授業の合い間の短時間の訪問では不可能な点が多い」「MSに記載され

ている内容の訪問指導を全て行うのは難しい…」といった養成校の実情から，「訪問指導による実習生の指導」についての困難性を指摘する意見や，「…訪問教員が実習生と事前から深く関わる必要がある。一貫性のある関わりがないと，指導ではなくなる…」「…実習期間は専門家としての指導職員へ学生の指導を委ねているので，くれぐれも養成校教員が口出しする部分を間違えないよう気をつける必要がある。また，学生の成長を促すためとはいえ訪問の際の細かすぎる示唆指導は学生の緊張感を増加させるものになるのではないかと懸念する」などのように，とくに「局長通知」にも盛り込まれている「…実習生へのスーパービジョンを実習施設の指導担当職員と連携して行うこと」の困難性を指摘する意見も多くみられた。

　また，「実習施設の指導内容は各園それぞれ，実践の検証の元に作られているので，その内容の『学ぶべきところ』を訪問指導者は掴み，学生が実践して自分のものにしていく手助けにしていくこと，実習状況を見ることで養成校の授業の組み立てが現場とかみ合っているかどうかという検証にもなる」といった，カリキュラムとの関係において訪問指導の意義をあらためて問う意見もみられた。

（イ）**当事者それぞれにおける意義**：保育士養成における実習指導者および養成校にとっての訪問指導の意義として，MS試案では，「指導担当職員との懇談等をとおして，実習施設についての情報収集（実習指導体制，保育内容，方法など）ならびに養成校の教育・実習目標や方法の説明など諸事情の協議を行ない，実習や養成について実習施設と連携を図る機会とする」など4点をあげている。これに関して，「（指導担当職員との）懇談等に施設長を含めること…施設長が実習状況を把握していない施設があったり，実習生の持ち味を把握せずに施設長の個人レベルの要求を指導担当職員に出している事など問題点が多いため」といった提案があった。「局長通知」には「実習施設においては，その長及び保育士のうちから実習指導者を定めるものとする」と示されており，MSでは実習施設の実習指導者と実習に関わる施設長の総称として，「指導担当職員」としている。訪問指導を有効に進めるためには，事前のうち合わせ会などにおいて，双方の出席者の確認を行なうことも必要になるであろう。

　「…実習生にとっても養成校の教員と実習期間中に会うことで，不安や緊張がほぐれてやる気にもつながる」といったコメントにあるように，これまでの

全国保育士養成協議会・研究大会における研究報告●1●2●3の中にも，実習生が不安と緊張でいっぱいの実習の中で，養成校の教員に精神的なよりどころを求めている場合が多いことが示されていた。MS試案にあげられた実習生における訪問指導の意義の中で，「戸惑いや不安の原因や内容を明確化し，自身の姿勢や価値観の明確化につなげる機会となる」「実習施設側とのコミュニケーションの調整の機会とする」の２点の内容は，実習生にジレンマとして経験されている場合が多く，訪問指導者は学生の感じるジレンマ状況を分析し，スーパービジョンを行なうことが求められるであろう。

②訪問指導の方法

（ア）訪問の回数と時期：訪問の回数や時期については，「…実習期間中に三回も指導訪問するという事例は興味深いが，現実的に養成校と施設側のスケジュールの調整が困難ではないか」といったコメントにあるように，全体的には実習施設側の状況を判断し，訪問の回数と時期を調整したうえで訪問するという意見が多かった。また，養成校の実情から，「教員の勤務状態によっては，実習施設の希望する日時に訪問できない場合がある」が，MS試案にも述べられているように，訪問日時については，あらかじめ実習施設と相談のうえ決定することによって指導担当職員の業務の中に組み込むことが可能となり，実習生にとっての訪問指導の意義を最大限に生かすためにも，訪問日時をあらかじめ実習生に伝えるなどのくふうは望まれるところである。

（イ）訪問指導の所要時間：訪問指導の所要時間については，訪問指導の内容に依存することになるが，「実習先の指導を妨げることなく実習指導が必要だが，多くの時間を実習指導にいただくことが現実的ではない」「…現実を見たとき，一人につき一時間を要し，提示された内容をミニマムとすることは難しい。施設側にそれだけの負担をお願いしにくい」「例えば実習中であっても指導時間を割いていただき，日誌の記録内容や，実習の様子なども具体的に話せる時間を，実習内容としてオフィシャルに取り入れてもらいたい。指導システムの統一化により，訪問指導もより意味のあるものになると考える」といったコメントのように，理想的な訪問指導時間の確保が困難であることを指摘する意見が多くあった。

指摘のとおり，すべての訪問指導に実習生１人あたり１時間を充てることは現実的とはいえない。したがって，訪問指導の内容の中で重点を置くものに柔

軟性をもたせ，無理の少ない時間設定を行なうくふうも必要である。

（ウ）訪問指導の形態：MS試案では，複数の訪問指導の形態あるいは組み合わせについて提案されているが，「実習担当者と学生と保育実習指導教員との三者会議は時間がないとの事で断られる」「本格的な訪問指導を行うためには，実習生と別室で時間をかけることが必要であり，抜本的な見直しを行わねばならない」といったコメントのように，実習施設の状況により訪問指導の形態が制限されることもあるが，組み合わせにより多様な訪問指導の形態がある。どのような形態で訪問指導を行なうかは，訪問指導者と指導担当職員の協議によって適宜判断することが望ましいといえよう。

③訪問指導の内容

「専門職養成の視点から，実習生の実習（特に実習指導）を観察し，反省会に参加しての指導が必須であると思われる。養成校の現状から鑑みて難しいとは思うが，可能な限り実施したい」といったコメントにあるように，実習の状況の確認と調整については，多くの養成校が必要と考えているようである。「…メール等も活用し実習中でも迅速・きめこまかな指導ができるよう工夫している」というように，実習生のようすの把握と指導・助言方法を，電子ツールを使うなどくふうしている養成校も多いようである。「…指導中に巡回指導者が，実習生に対し現場で指導を行う事は，指導保育士の指導の流れを断ち切ってしまう恐れがある…」といったコメントのように，訪問指導が指導の流れを寸断する可能性のあることについて指摘する意見もある。「"単なるあいさつ"に終わってしまうケースが少なくない一つの理由は訪問で何をするのか，が明確になっていないことだったと思う」というように，内容の明確化を求める意見もあった。訪問指導の内容については，「局長通知」に示されているように，「…実習生へのスーパービジョンを行う」こととなっている（p.9，●4を参照）。したがって，訪問指導の内容としてまずあげたいことは，「実習生の緊張や不安を受け止める事」であり，そのためには実習生と訪問指導者との間に信頼関係が形成されていることが欠かせないことは言うまでもないであろう。

④訪問指導記録

「…訪問指導記録を作成したが，指導担当職員や実習生と話し合う事よりも，記録に残すための聞き取り調査のようになってしまった経緯があるので，訪問指導記録が形骸化しないか危惧をいだいている」といったコメントのように，記録

する意義についてあらためて問う意見もあった。「実習施設を訪問して学生を指導すること」(p. 9, ●8を参照) が局長通知の「保育実習実施基準」に含まれている以上, 訪問指導記録は必須となっている。本委員会の「記録」の基本的な考え方として, 実習は学生個々の活動であり, 個々の学びである。その訪問指導は (原則的にはスーパービジョンが求められているから), 形態がグループ面談やグループカンファレンスであったにしても, 学生個々に対する指導 (スーパービジョン) が基本となるものである。したがって, 記録は学生個々の指導記録ということになる。

　記録様式に含まれる事項については, 次のような提案もあった。「園長の所見, 実習担当者の所見, 実際巡視中に受けたコメントを記入する箇所と, 巡視者自身の所見と分けて書けるスペースを取る。また, 実習終了後, 巡視者全員による評価, 反省と次回に生かせるためのカンファレンスを行う」。実習生による記録については,「訪問指導の記録については, 教員のみで学生には記録させていなかった。今後の課題として考えていきたい」という肯定的な意見と,「学生に訪問指導の記録を書かせるのは, 負担が大きくなり難しいのではないか」,「記録様式は学生の負担増が懸念される部分もある。記入部分が省略, 縮小されてよいと思うところがある」, といったコメントもあった。指摘にもあるように, 訪問指導者と養成校の教員 (訪問指導者以外の実習担当教員, その他の第三者) とが記録の内容を共有することの意義は大きいものがあり, 具体的に訪問記録を記載することは, 訪問指導と事後指導のつながりにおいても重要である。学生に, 訪問指導の記録を求めることの意義は否定できないが, 指摘されているように, MSとしてそれを求めることには無理があると考える。

⑤その他

　「MSの内容をモジュール化して, 最低限これだけはというものを示してもらいたい…」「…訪問指導の際に必要と考えられる優先順位のガイドラインがあっても良い」など, MSのスリム化について求めるコメントや,「実習生へのトラブルへの対応について」のように, 実習のリスクマネージメントについて検討を求めるコメントもあった。本委員会としては, あくまでも「訪問指導の標準的内容」に絞ってMSとして提案したいと考えている。

2 実習施設からの回答結果から

（1）ミニマムスタンダード策定の意義

　MSが全国の指定保育士養成施設（以下「養成校」という）と実習施設で共有できるものであるかどうかの検証を目的として，実習施設に対してもMSに対するアンケートを実施した。ここでは，実習施設からの意見をまとめ，MSに反映させるための課題を明らかにする。

　MS策定の意義についての実習施設の回答結果について整理すると，次のようになる。

（ア）指導内容の充実：「MSを活用することにより，実習生に対する指導が有効化し，実習生自身も不足している部分を補える」のように，指導面へのMSの効用を指摘している回答があった。

（イ）学生の学び：「実習は，保育士としての職務内容や役割について実践を通して学ぶ場であり，実践力を養う場とも言える。学生にとっても採用側にとっても重要なカリキュラムと認識している」は，実習における学生の学びの意味を指摘し，その文脈においてMSも有効であると思われる。

（ウ）実習施設との連携：養成校と実習施設との連携は，養成校と実習施設との連絡協議会での協議，実習担当教員と実習施設側の指導担当職員との協議等，さまざまであろう。実習施設からの回答にも，両者の連携の必要性が強調されている。

　「作成後は，養成校内での普及とともに，受け入れ側にも周知し，共通認識のもとに，学生を育成することが必要」「養成校と保育実践の場が協働関係において用語を統一し，評価尺度や記録様式の最適化を図ることは有意義だと思う」「保育士養成校と実習施設の間で，実習生の指導や評価の基本などについての価値観を共有することにおいて，MSの作成は大変意義があると思う」，「養成校，実習生，施設の間で共通項目を作り，共通理解を図る上で，MSを作ることは賛成。統一されたプログラム，評価を活用することは，三者の価値観の基準を共有することになる」等，養成校と実習施設との連携，協働の重要性が語られている。

　また，「作成することには意義があるでしょうが，各施設で対応に差が出る

でしょうし，どの程度の効力があるのかなど難しいと思う」という意見もみられる。
(エ) 養成校間格差：実習施設は，保育実習の受け入れ先であり，他職能資格の実習も含めさまざまな養成校の実習を受け入れる。その受け入れの実際から，養成校の実習指導に関する質の格差を実感することになるのは想像に難くない。「養成校により，実習への認識や指導方法などについて違いがあり，戸惑いを感じることも少なくない。したがって，こうしたMSを作成することについて，意義がある」などには，その戸惑いと共通認識の必要性が表現されている。

「現在は，各校のさまざまな記述方式により評価に統一性が欠けることがある。評価時点で躊躇することが多々ある。実習生，指導保育者双方にとって保育実習指導のMSのマニュアルができることは動きやすくなると思う」と，MS作成に期待する回答がある。
(オ) 質の確保：保育士資格の国家資格化にともない，保育士養成における質の確保が大切である。「どの地域どの養成校にいても，同じ保育士を目指すものに対し，共通したモデルを持って指導することに賛成」では指導の共通化の必要性を指摘し，「乳児院として共通に指導していく項目がはっきりすると指導・評価が行いやすい。学校によって，評価表，実習の日数が異なるので統一されるとよい」では，実習に係る事項の統一化を期待している。

また，「実習生を受け入れるにあたり，担当職員の意識向上及び保育士の資質向上のためにも，重要な意義を持つことだと思う。また，新任の職員の意識向上もでき，活用法は種々あると思う」では，実習施設の担当職員・保育士の資質向上に活用できるとの期待が感じられる。
(カ) 問題・課題：MS策定について「最低基準の試案である限り，実践しがたい内容にならないことを期待」するとし，実践と乖離しない内容のMSであることが指摘されている。また，「MSにプラスして，各施設の特長や特性を生かしたプログラムを組んでいくと良いと思う」では，実習施設に適合する独自のMSを組むことへの提言がなされている。この2つの回答は，実践と乖離しない，そして各施設の特性に合うMSであることを期待している。
(キ) まとめ：実習施設からの回答をみると，MS策定の意義については，養成校と実習施設との間での協働，共通理解を前提に，MS策定の意義を認める意見が多い。これは，1つは保育士の質の確保のため，そして，もう1つは多くが

保育実習の受け入れ先であり，指導に関する共通認識，共通化の必要性を認識しているためであろう。したがって，必要があればMSに修正を加え，それを周知させる（養成校内，実習施設とも）ことが肝要であるとされる。また，すべての施設が実践しやすい内容であることが求められるという指摘もある。

（2）実習プログラム

①実習日数について

「実習日数について―現行の実習期間をのばし，実習を主体に保育士としての資質を身につけるよう改善すべきではないか。…土，日曜日に開園している保育所もあるが，学生が平日とはやや異なる土，日曜日の保育サービスを理解したり，1週間の流れ全体を理解することも意味があることと考える」という意見があった。実習プログラムを構想するときに，実習期間に関して「保育実習運営基準」の規定（おおむね10日間，20日間）を自明のものとすることについて，再考を示唆する回答である。

②実習施設と家庭，地域の関係について

「…施設と家庭とのやりとりの実態は，家庭支援専門員（社会福祉士）が担当する業務で，説明にとどめ，保育実習でしなくてもよいのではないか。家庭側も実習生にまでかかわりを持って欲しくないのではないか」「『施設と家庭とのやりとりの実態に触れ，その役割について理解させる』は，実態に直接関わるのは難しい」「『地域支援事業の実際に参加し…については，実際に参加し…』とありますが，無理だと思います。実習期間中にそのような機会があることはとても少ないと思います」「守秘義務のない（法的に）学生に児童の家庭の現状を，いわゆる個人情報を教えていいものか疑問です」などの意見がみられた。施設，家庭，地域社会との連携に関する項目において，個人情報保護の観点から，実習生が児童の個人情報にふれることについて，消極的な立場をとる施設があることがわかる。実習生が児童と接する際に必要な個人情報の取り扱いについて，十分な検討が必要と思われる。この点については，第4章「『個人情報の保護に関する法律』の施行にあたって」を参照されたい。

③施設実習における援助計画について

「『援助計画を理解させる』は対象が乳児である場合，どの範囲で行うのか指導が難しいです。日常生活の一部でよいのか設定保育的なことをやってもらうのか

迷います」という回答は，乳児院の職員から寄せられた。保育所実習における指導計画の場合，その実践についてイメージしやすい（部分実習，指導実習など）が，施設実習では援助計画の作成，実践について施設側にとっても具体的なイメージがむずかしい側面があることがうかがえる。

④保育士の職業倫理について

「『保育士の具体的な職業倫理』については，『全国保育士会倫理綱領』（平成15年）がすでに策定されていることもあり，小項目の記載を『全国保育士会倫理綱領などをもとに，保育士の具体的な職業倫理について理解する』としていただきたい」という回答がみられた。この回答は，具体的な倫理綱領を例示することによって，保育士の職業倫理に関する学生の理解が高まることを示唆したものといえよう。

保育所保育指針に「保育士は…倫理観に裏付けられた知性と技術を備え…」という記述があるように，また，保育士資格の法定化にともない，保育士に高い職業倫理意識が求められているように，保育士の職務内容における職業倫理の重要性は誰もが知るところである。ところが，「倫理」という言葉の解釈は多岐にわたることが多く，実習生への説明が保育実践の場と結びついた，具体性の高いものになっているとは言い切れない現状がある。そのため，実習生にとって職業倫理は，その重要性は理解できるが，とらえどころのないものになっている可能性は否定できない。このような状況の中で，保育の場で実際に活用されている具体的な倫理綱領を例示することは実習生の理解を助けることにつながると思われる。

⑤実習施設における個人情報への対応について

ここまで4項目に分けて整理をしてきたが，指摘としてめだったのは，子ども及び家庭の個人情報を実習生に教える必要性に関するものであった（同様の指摘は，養成校からの回答にも見られた）。実習生が，子どもや家庭の情報を知ることには理由がある。現代の保育の基本姿勢の1つに，一人ひとりの子どもの実態に即して適切な援助の方法を決める，というものがある。子ども一人ひとりをよく理解したうえで関わることは，実習生（保育士）にとっても，子どもにとってもお互いに良好な関係をつくるうえできわめて重要なことである。にもかかわらず，実習生が子どもや家庭の個人情報を知ることに対して，実習施設が消極的であるということは，その必要性について養成校と実習施設が十分な共通理解をしていないということにもなる。養成校と実習施設の連携の中で，この点に関して

十分討議を重ね，実習生が実習を進めていくうえで必要な，子ども及びその家庭に関する個人情報の扱いについて明確にすることが求められるだろう。この点については，第4章「『個人情報の保護に関する法律』の施行にあたって」を参照されたい。

⑥「…させる」表記について

養成校からの回答結果と同様に「『…させる』の表記について…子どもの主体性を育む保育士の養成にあたっては，保育士自身の主体性を尊重することも養成校側に求められると考える。したがって…『…させる』という表記は好ましくないと考える」という回答がみられた。この点については，p.47に，本委員会としての見解を示したので参照されたい。

（3）実習評価

ここでは，実習評価のMSに対して実習施設から寄せられたコメントをまとめていく。

①実習評価の考え方に関して

学生参加による評価については，「公正さの内容に賛成である。…指導担当教員，実習担当職員，学生の参加という提案，学生が事前に評価基準を把握し，自ら何をすべきなのかを明確にする事が生産的な実習につながり…」といった肯定的な意見がみられた。

実習評価と人格への評価については，「…人間性の評価ではないというメッセージを送るという点は大切なことだと思う。…評価は，より学生の長所を伸ばし…ステップアップする為の自信につなげていけるものであると良い…」といった肯定的な受け止め方にみられるように，「実習評価が人格評価と切り離して考えられるべき」という見解に，明確な反対意見はみられなかった。

ただ，「…一意見として役立つことが有るのであれば，何らかの形で残すのも悪くないと思う」「短大1年生では，専門科目も一部しか履修していないので評価できない点が多い。どうしても実習生の人間性（礼節，道徳）に目が向かざるを得ない」といった意見もあった。

人間性を評価の対象としないという考え方への賛意が示されている一方，人間性が関わってこざるを得ないという指摘があった。ここで人間性を評価の対象としないというのは，実習において見いだされた実習生の言動に対して，実習生と

しての枠を越えて，個人としての人間性の良し悪しなどを評価するようなあり方については，慎重でないといけないという意味である。

②評価の手続き

中間評価については，「実習生に評価項目を知らせるのは良いと思うが」といった前置きとともに，「…中間などで，その項目にそって評価していくのは抵抗がある。私は，実習生に対して中間で感じている事，困っている事などを聞いた上で，残りの実習がより実りある物にするにはどうしたら良いかを一緒に考えアドバイスしている。人の心身を育てていく保育士という職業につこうとしている学生に杓子定規な指導はしたくないと思っている。もちろん，評価するにあたっては一定の規定は必要だと思うが」といった意見がみられた。

回答者の見解は，実習指導のリアリティを示しており，こうした深い配慮のもとに実習指導が行なわれるということが好ましいといえる。しかし，こうした配慮がすべての指導者や養成校教員に共有されているわけではなく，実習生の学びをうながす評価を進めるためにも，まさに回答者が指摘しているように，一定の基準が必要だと考える。そしてその基準はあくまで参照のためのものさしにすぎない。絶対的な基準として動かしがたいようなものではなく，今後も修正を重ねていくべきものである。

「若干のアイデア」については，否定するとともに，「そもそも何のために実習するのか，視点がずれていないか。指導実習がすばらしいというのは誰がきめるのか…」といった指摘があった。ただ，ここは，MSに加えて実習評価をより豊かなものにするために，各養成校にどういったくふうがあり得るかという例を示したものであるので，そのように理解されたい。

③実習評価票に関して

項目，評価の内容については，さまざまな意見が出された。「態度のところに，身だしなみ，日常の挨拶，言葉づかいなども必要ないのではないか」「担当教員の観点でも個人差があるため，とても難しいことである…常に行動を共にしていない為，良い点を見のがしている場合もあるので，チェック項目はもう少し多い方がよいのではと感じる」という意見があった。また，「評価の内容も，より具体的に示すべきであると思われる」といった指摘があった。

総合評価については，「各項の点数を出しておいて合計でよいと思う」と賛意が示された。評価基準については，「実習評価の基準として参考になると思う」，

「評価基準を作成することにより，実習生に対する評価が公正になると思われる」といった肯定的な意見に加え，「評価の基準がなければ，保育所，施設ごとでの評価値に差が見られると思う」といった懸念もみられた。

評価票については，「様式については，よい様式であると考える」「非常にまとまっており，素晴らしいと思う」といった肯定的な意見が多く，おおむね理解が得られ高い評価を得ている。現在，各養成校で評価票に差がありすぎるとしたうえで，「今回示された評価票に統一されるならば評価する側もやりやすいのでは…」とMSへの期待も寄せられた。

また，「学校側と受入施設の評価観を共有しておけば，この評価票は記入しやすい」「やはり評価観を共有することが大切かと思う」といった意見にみられるように，養成校と実習施設の評価観の共有が今後の課題であろう。その他，「評価の内容の項目に対応した"実習指導上のポイント"があると良い」という提案があった。

（4）訪問指導

①訪問指導の考え方に関して

「訪問指導の重要性を確認した」という意見にあるように，保育実習が養成校と実習施設との連携と協働によって実施されるものであることを，訪問指導のMS試案により，実習施設の指導担当職員があらためて認識することとなったようである。

一方で，「…多くの事柄を求めて，共有できる最低基準の試案として成り立つか疑問」というように，共有できる最低基準について問う意見や，「協働して指導の機会をもつことは素晴らしいことと思うが，実際に可能なのか不安」という意見がある一方，「養成校と実習施設がよく連携していれば問題ない」という意見もあり，「局長通知」にも盛り込まれている「保育実習の目的を達成するために，養成校の実習担当教員が実習施設の指導担当職員と相互に密接な連絡をとるように努めること」は，訪問指導前後における実習施設の指導担当職員との連絡や調整がいかに重要であるかを述べており，そのことが訪問指導によって養成校と実習施設とのより緊密な関係を形成するための基盤にもなるであろう。

②訪問指導の方法

訪問指導の所要時間については，「直接実習生を担当している者が対応するの

であれば，長時間は難しい」という意見があった。訪問指導の所要時間（実習施設への滞在時間）は訪問指導の内容に依存している。したがって，あらかじめ訪問指導の内容を実習施設と協議し，訪問指導の所要時間や状況の確認を行なうことは必要であろう。

③訪問指導の内容

　実習施設の指導担当職員による「簡単なチェック表」の提案は，養成校の訪問指導者や学生による訪問指導記録に対し実習施設の指導担当職員による指導記録に相当し，その内容「勤務時間（欠席・遅刻・早退），表情（活気あり・なし），積極性（進んでやる・いわれたことのみやる・できない）などで，項目は多くなく，○を付ける」が，実習施設から訪問指導時に具体的に伝えられることにより，実習生に対し効果的な訪問指導を行なうための重要なポイントになると考えられる。

　「（訪問指導に）一番求めたいことは，学生の不安感を受け止め，更なる意欲につながるよう励ましてほしいということである」というように，訪問指導者が学生の感じるジレンマ状況を分析しスーパーバイズすることの重要性を指摘する意見もあった。

　「保育実習計画は養成校と実習施設との協議によって策定すること」と通知にも盛り込まれているが，「訪問指導では，実習目的を再確認することが必要」「訪問指導の報告を実習施設にも行うことにより，綿密な実習指導プログラムを作成できるのではないか」という意見にもあるように，保育実習は，学生の主体的な学びの機会であるが，訪問指導によって，実習前に作成した計画の実施状況を中間的に把握する機会となり，必要に応じて後半への動機づけや軌道修正を行なうことで後半の実習をより有効な学びとすることが可能となる。養成校側の教育方針や方法ならびに実習の目的や段階については，あらかじめ実習依頼の時点で，実習施設側に説明して理解を得ていることが望まれる。

3　書評から指摘された課題

　平成16（2004）年度専門委員会課題研究『効果的な保育実習のあり方に関する研究Ⅱ』について，山田勝美氏（長崎純心大学），佐藤信雄氏（北海道文教大学短期大学部），草山充氏（いまいずみ保育園）の３氏より，「保育士養成研究第22

号」[6]において書評をいただいた。その中には資料集[7]全体の構成や研究の方法についてのご指摘があったが，ここではMSに関するものについて取り上げ，本委員会の考えを述べることにしたい。

（1）実習プログラム

①事前指導について

（ア）事前訪問と実習施設におけるオリエンテーションの位置づけについて：事前指導に関しては，「施設を事前訪問すること・オリエンテーションが実習施設を理解する大項目に位置づけられている。確かに事前に施設を訪問することで，施設の理解は図られる。だが，事前訪問は施設を理解することだけが目的なのだろうか。事前訪問は，実習課題を実習施設担当者に読むなり，聞いてもらうなかで現実的な課題設定を行っていく大切なプログラムではないだろうか。つまり，大項目の『実習課題を明確にさせる』と関連しているのではないか」との指摘があった。

　指定保育士養成施設指定基準の別紙3として示される「教科目の授業内容」の「保育実習指導（1単位）」には，そのねらいが「保育実習を円滑に進めていくための知識・技術を習得し，学習内容・課題を明確化するとともに，実習体験を深化させる」と示されている。また，その内容として，「1．事前指導として学内において講義や視聴覚学習等を用いた演習を行い，また実習施設において見学・オリエンテーション等を行う」とあり，そこにおいて取り上げる内容として「（4）実習課題の明確化」があげられている。この意味において著者の指摘は核心をついていると考えられる。著者が指摘するように，事前訪問において学生が実習施設の指導担当職員から実習課題について指導を受けることは，実習指導におけるきわめて重要な過程の1つである。ただし，この点に関する養成校，ならびに実習施設の対応は多様である。たとえば，養成校の中には，「実習課題」を「文書」という形で配布する中で，実習に関する実習施設側の関心を高めてもらう配慮を行なっているところや，養成校が示す「課題」と学生自身が有する「課題」とを示している（口頭で伝える）場合なども見受けられた。いずれにせよ「事前訪問」の意義については，今後，学生にも実習施設にも，なにより養成校教員全員に理解してもらうような取り組みが必要であると考えるが，現段階において，本委員会では，事前訪問時に実習施設の指導担当

職員から学生が実習の課題について指導を受けることを，全養成校・実習施設で完全，一律に実施するというのは無理ではないかと考え，標準的な事項としてあげることは見送ることにした。

(イ) 実習施設の選択について：「事前指導の中に施設選択の項目が見当たらなかった。施設（「保育実習Ⅰ（施設）」，「保育実習Ⅲ」）の場合，特に，障害児系施設に実習に行くのか，児童養護系に行くのか，その選択を事前指導にどう位置づけるべきか，検討が必要なのではなかったか」との指摘があった●4。

　本委員会としては，この指摘もきわめて適切なものであると考える。「保育実習Ⅰ（施設）」や「保育実習Ⅲ」において，障害系施設で実習するか児童養護系施設で実習するかによって事前指導の具体的内容，ならびに必要な事前学習の内容は異なってくると思われる。学生の学習課題等に沿った施設選択も当然配慮されなければならない事項の1つである。ただし，実習施設における実習生の受け入れは，保育士養成校からの実習生のみならず，多様かつ多数の実習生を受け入れていることから，きわめて困難な現実に直面しており，養成校，もしくは学生が実習施設を選択する自由度は，「一般的には」必ずしも高いものではないと判断している。こうした現実を前提とするとき，「実習施設の選択」を事前指導の中に位置づけることは望ましいことであると考えられるが，実習指導における標準的事項として取り入れることは見送ることにした。

(ウ) 保育士の職業倫理に関する教育について：「保育士の職業倫理は具体的事例でしか教えられない。福祉施設の現場においては，利用者福祉の理念を実現させるための指針として，細やかな事柄においても日々職業倫理が問われている。施設の日常場面で発生する具体的な事例を多くの養成校で把握することが肝心と思う。また，守秘義務においても具体的事例の集積から学ぶ以外に身につかない」との指摘があった。

　本委員会としては，将来の保育士として携えていることが必要な職業倫理は，養成の段階においても涵養すべきものであると考えている。

　2005（平成17）年4月に施行された「個人情報の保護に関する法律」関連の動きである「福祉関係事業者における個人情報の適正な取扱いのためのガイドライン」（2004年11月，厚生労働省）でも確認できるように，やはり実習生に求められる職業倫理（倫理観）というものは存在するものと考えられる。一方，保育士の国家資格化にともない，全国社会福祉協議会，全国保育協議会「全国

保育士会」では、「全国保育士会倫理綱領」を策定しており、「養成段階」で学生にこれらの内容を示し、理解させていくことが必要であると考えられる。さらに、養成校においては、実習指導に際し、具体的な事例に基づく指針と対応を学生に示しながら、保育士としての職業倫理について涵養を図っていく必要があるだろう。そのためにも、著者が指摘するように、養成校は具体的事例の把握に努めることが不可欠であり、日頃からの養成校と実習施設、指導担当職員とのコミュニケーションの形成は欠かせないものと思われる。

② 事後指導について

(ア) 今後の課題について：事後指導では、「大項目『今後の方向性を明確化する』の小項目『今後の学習課題を確認させる』の学習課題とは具体的に何を指しているのだろうか」との指摘があった。

　本委員会としては、事後指導において「養成校としての課題」「実習施設の抱えている課題」「学生全体に共通する課題」「学生個人に重点を置く課題」などの課題に整理した。また、「自己課題」と「学習課題」を分けて考えていく必要性はあると考えている。「自己課題」とは望ましい保育士像を指向したときに明らかにされる個人としての課題、一方、「学習課題」とはそれぞれの施設に求められている社会的役割を認識し、広い視野から見たときに明らかになる施設の抱える課題などである。事後指導においては、このように学生の興味・関心のみの狭い視点ではなく、新たな関心が向けられるような指導が必要である。

(イ) 「保育実習Ⅱ」、「保育実習Ⅲ」における事後指導について：「今回の試案では、保育実習Ⅱ及びⅢの事後指導案は示されなかった。確かに、保育実習Ⅱ及びⅢの事前事後指導にも共通するミニマムな項目を意識して作成されたのだと思う。加えて、厚生労働省が明確に位置づけていないなかで、試案を作成するのにためらいもあったのかもしれない。検討課題にも『保育実習全般を通しての事前事後指導の位置づけを検討する必要がある』と記述しているのであれば、試案であるからこそ提示があってよかったのではないか」との指摘があった。

　本委員会では、「保育実習Ⅱ・Ⅲ」の事前・事後指導については、「局長通知」（事前・事後指導は位置づけられていない）に従い、試案を作成した。しかし養成校の中には、すでに独自のカリキュラムを展開し位置づけているところも多く見受けられ、今後の課題として、制度的にも、「保育実習Ⅱ・Ⅲ」の事前

③「養護技術」について

「養護技術を習得させる」について,「養護技術は,援助技術もしくは指導と同等の意味で理解されている。実習Ⅲにいたっては,大項目『養護全般に参加し,養護技術を習得させる』の小項目には,『施設の養護活動全般に参加し,養護技術を習得させる』というように具体的説明はない。筆者は,養護技術は援助技術とは共通する部分はあるにしろ,基本的には違うものだと理解している。養護とは養育と保護であり,養育とは,日々の生活の安定をつくり出す営みが核である。本研究では『援助』の概念が提示されていないので何ともいえないが,援助という概念は,利用者が自らの課題解決に困難を抱えた場面で展開する行為であるといえ,ここに差異があると考える。この両者を同じ意味で捉えてよいのか再検討をお願いしたい」との指摘があった。

本委員会の試案では,未分化をその特徴とする子どもの発達において,「養護」と「援助」が一体となっているととらえた。しかし,現状においては,福祉における「援助」,保育における「援助」,教育における「援助」,それぞれの立場の違いにより「援助」のとらえ方が異なっているように思われる。また,同様に「養護」のとらえ方も立場の違いにより異なっているように思われる。MSでは,施設実習に関する項目自体の改善と用語についても「援助」を「養護」に変更することにした。しかし,この指摘に対する検討は,今後さらに深めていく必要があると考えている。

(2) 実習評価

①評価票について

評価票では「保育所実習と施設実習は実習施設や対象年齢が異なり…実習施設として求められる実習の中身,質が異なる,との記述が見られることからも,施設実習に関する評価票の検討が必要である。また,施設における評価票の具体的提示がなかったが,報告書の中で施設実習では『知識,技能の意味合いが変わってくる』と記述してあるのであるから,各養成校に任せるのではなく,提示することが求められる」との指摘と基礎技能の評価について,「何を問うことがミニマムなのか,その提示がほしい」との指摘があった。

本委員会としては，標準的事項の共通項目を提示した。各養成校で必要な項目を立てていくことが重要であると考えている。また，MSでは，「保育実習計画」に沿って，「保育実習Ⅰ（保育所）」「保育実習Ⅰ（施設）」「保育実習Ⅱ」「保育実習Ⅲ」を例示したので参照されたい（第Ⅱ部第6章表6-2～6-5）。

②評価基準について

評価基準では「実習内容＝実習課題の達成度の確認が評価の本体であるという認識を持っている。

しかし，実際の評価票の多くは必ずしもそうなっていない。実習課題が達成できたかどうかの検証が行われないまま実習が終了してしまうことがある」との指摘があった。また，実習目標と評価基準では，「実習を通して獲得すべき目標がある以上，評価は第一に実習目的にそって作られるべきであり，実習目的と評価基準は直接連なるものである。それを，学生の意欲を向上させる内容として作り上げていくことに重点が置かれるとしたら，実習目的の意義が薄れ実習指導のMS全体が崩れてしまうことにならないだろうか」との指摘があった。

本委員会としては，実習評価における基本的な考え方として，評価がらせん状の学習モデル（第Ⅱ部第6章 p.117を参照）の過程の1つであることと，学生の成長をうながすための評価としては公平さが重要であること，さらに実習評価が人格評価とは切り離して考えられるべきであるとの考えをもっている。これを前提として，養成校のみならず，評価する実習施設側の「実習指導」「実習課題」に対する認識が高められなければ（改められなければ），いくら養成校側が「評価基準」や「評価票」のくふうを図ったところであまり改善はみられないと考える。しかし，養成校側（実習指導者）と施設での指導担当職員（評価者）との共通理解を得るための対話のプロセスが共有されていくことが必要である。今後，そのような機会（研修会なども含め）をもつことが求められていると認識している。

また，保育実習の目標は，「局長通知」に示されている「教科目の教授内容」（第Ⅱ部第5章 p.102を参照）として明確に示されており，この内容を大前提として，各養成校が独自の目標を加味している。評価は実習生の成長をうながすことが重要であるし，意欲を高めるためには目標は必要不可欠であると考えている。

(3) 訪問指導

①実習生と訪問指導者の二者面談について

　実習生と訪問指導者の二者面談では、「必ず行うこととすべきではなかったか」との指摘があった。

　本委員会としても、「局長通知」にも示されているように、「…少なくとも1回以上実習施設を訪問して学生を指導すること」から行なうものとし、学生の実習状況を把握する重要な機会と考えている。状況によっては実習内容の修正・変更や人間関係の調整を必要とする場合がある。そのようなときには、訪問指導者は指導担当職員と話し合いをもち、調整に努めなければならないと考えている。

②所要時間について

　所要時間では、「1時間以上ということになれば、関係者の共通理解を深め、その場でなければできない事柄に限定し短時間で要領よく訪問指導できるようにしていくしかない」と指摘している。

　本委員会としては、実習生1人あたり1時間程度が必要となると推測されるが、多くの学生数を抱える養成校では、すべての訪問指導にその時間を充てることは現実的とはいえないし、また実習生によっては訪問指導の内容の一部を省略することも可能であるから、確認する内容をある程度示し要領よく行なう必要があると考える。実習生の状態をみながら、訪問指導の内容の中で重点を置くものに柔軟性をもたせ、1人あたり30分程度を充てることが無理の少ないところであると考える。一方、実習生の指導実習を観察する、または反省会に参加するならば1時間を要することは推測に難くない。また、同一養成校から複数の実習生がいる場合は、その人数に応じて多くの時間を要することになる。

　いずれにせよ、訪問指導者の意義をこれまで以上に、組織的な動きの中で、実習施設にも理解と協力を求めていくほかはないのではないかと考えている。

【注】

- 1　渡辺　勤・豊田典子・中橋美穂・柏原栄子　2001　「保育実習における教員の実習指導の取り組み（その2）」　全国保育士養成協議会第40回研究大会研究発表論文集　pp.54-55.
- 2　渡辺　勤・豊田典子・木村容子・中橋美穂・柏原栄子　2002　「保育実習における教員の実習指導の取り組み（その3）―教員の実習訪問に対する学生の受け止め方の検討―」

全国保育士養成協議会第41回研究大会研究発表論文集　pp.44-45.
- 3　豊田典子・渡辺　勤・木村容子・中橋美穂・柏原栄子　2002　「保育実習における教員の実習指導の取り組み（その4）―教員の実習訪問に対する学生の受け止め方の検討―」全国保育士養成協議会第41回研究大会研究発表論文集　pp.46-47.
- 4　カッコ内は本委員会による。

【引用文献】

［1］　全国保育士養成協議会　2002　「効果的な保育実習のあり方に関する研究Ⅰ―保育実習の実態調査から―」『保育士養成資料集第36号』
［2］　全国保育士養成協議会　2004　「効果的な保育実習のあり方に関する研究Ⅱ―保育実習指導のミニマムスタンダード確立に向けて―」『保育士養成資料集第40号』
［3］　［2］を参照。
［4］　全国保育士養成協議会　2005　「効果的な保育実習のあり方に関する研究Ⅲ―保育実習のミニマムスタンダード―」『保育士養成資料集第42号』
［5］　全国保育士養成協議会　2004　「効果的な保育実習のあり方に関する研究Ⅱ―保育実習指導のミニマムスタンダード確立に向けて―」『保育士養成資料集第40号』, p.97.
［6］　全国保育士養成協議会　2005　『保育士養成研究第22号』
［7］　［2］を参照。

第4章

「個人情報の保護に関する法律」の施行にあたって

第1節 個人情報保護法と社会福祉事業

　2005（平成17）年4月1日より，「個人情報の保護に関する法律」（平成15（2003）年法律第57号。以下「個人情報保護法」もしくはたんに「法」という）が，個人情報取扱事業者の義務等の規定部分も適用となり全面施行された。

　個人情報保護法は，基本法に相当する官民を通じた個人情報保護の基本理念等の部分と一般法に相当する個人情報取扱事業者の遵守すべき義務等を定めた部分から構成されている。

　この法律の全面施行に先立ち2004（平成16）年4月2日，個人情報保護法第7条第1項の規定に基づき，「個人情報の保護に関する基本方針」（以下「基本方針」という）が閣議決定された。この中で，個人情報取扱事業者を所管する省庁（主務大臣）は，事業等の分野ごとにガイドラインを策定し，事業者に対する必要な指導等に努めることとされた。福祉分野では，「福祉関係事業者における個人情報の適正な取扱いのためのガイドライン（以下『ガイドライン』という）」[1]や「医療・介護関係事業者における個人情報の適切な取扱いのためのガイドライン」[2]が策定された。

　個人情報保護法の施行により，保育実習先である社会福祉事業を実施する事業者（以下「福祉関係事業者」という）は，個人情報を取り扱う民間事業者として個人情報保護法に定める義務等を履行・遵守しなければならなくなった。福祉関係事業者は，「多数の利用者やその家族について，他人が容易に知り得ないような個人情報を詳細に知り得る立場」[1]にあり，「個人情報の適正な取扱いが強く求められる」[2]とされている。福祉関係事業者がガイドラインに反し個人情報を漏えいさせるなどの事態を起こせば，その事業者は利用者本位のサービスを提供し

ていないという評価を受けることとなり，社会的信用を失墜することとなる。そればかりでなく，個人情報保護法の義務規定に違反し不適切な個人情報の取り扱いが生じた場合には，厚生労働大臣が，必要に応じ福祉関係事業者に対し勧告，命令等の措置をとることができ，福祉関係事業者が命令に従わなかった場合には罰則の対象となる。ボランティアや実習生は，ガイドラインでは「従業者」に含まれており，その監督を福祉関係事業者は行なわなければならない。そのため，実習生に対する施設利用者の個人情報の取り扱いについては，実習施設から今まで以上に慎重な声が聞こえてきている。

　ここでは個人情報保護法の概要を整理し，個人情報保護法の施行による保育実習の課題について考えてみたい。

第2節　個人情報保護法の概要

1　個人情報保護法の目的と基本理念

（ア）個人情報保護法の目的：個人情報保護法は，「高度情報通信社会の進展に伴い個人情報の利用が著しく拡大していることにかんがみ，個人情報の適正な取扱いに関し，基本理念及び政府による基本方針の作成その他の個人情報の保護に関する施策の基本となる事項を定め，国及び地方公共団体の責務等を明らかにするとともに，個人情報を取り扱う事業者の遵守すべき義務等を定めることにより，個人情報の有用性に配慮しつつ，個人の権利利益を保護すること」（法第1条）を目的としている。

　言い換えれば，個人情報保護法の目的は，高度情報社会において，個人情報の適正な取り扱いに関する利用と保護のルールを定めることにより，個人情報の有用性に配慮しながら，個人の権利利益の保護を強化することで個人情報の利用と保護のバランスを図ることといえよう。

（イ）個人情報保護法の基本理念：個人情報保護法では，「個人情報は，個人の人格尊重の理念の下に慎重に取り扱われるべきものであることにかんがみ，その適正な取扱いが図られなければならない」（法第3条）と，その基本理念を示している。「個人の人格尊重の理念の下」とは，日本国憲法第13条「すべて国民は，個人として尊重される」という基本的人権の尊重の観点によるものである。

2 対象となる個人情報及び個人情報取扱事業者とは

(ア) 対象となる個人情報とは：

ⅰ) 個人情報

　個人情報保護法において「『個人情報』とは，生存する個人に関する情報であって，当該情報に含まれる氏名，生年月日その他の記述等により特定の個人を識別することができるもの（他の情報と容易に照合することができ，それにより特定の個人を識別することができることとなるものを含む。）をいう」（法第2条第1項）と定義づけている。

　ガイドラインでは個人情報を，「氏名，性別，生年月日等個人を識別する情報に限らず，個人の身体，財産，職種，肩書き等の属性に関して，事実，判断，評価を表すすべての情報であり，評価情報，公刊物等によって公にされている情報や，映像，音声による情報も含まれ，暗号化されているかどうかを問わない」[3]とし，「福祉関係事業者，社会福祉事業に従事する者及びこれらの関係者が福祉サービスを提供する過程で，サービス利用者等の心身の状況，その置かれている環境，他の福祉サービス又は保健医療サービスの利用状況等の記録は，記載された氏名，生年月日，その他の記述等により一般的に特定の個人を識別することができることから，匿名化されたものを除き，個人情報に該当する場合が多い」[4]としている。

　個人情報保護法上の個人情報とは「生存する個人に関する情報」であり，個人情報を取り扱う事業者の義務等の対象となるのは，「生存する個人に関する情報」に限定されている。しかし，ガイドラインでは，福祉サービスの利用者が死亡した後においても，福祉関係事業者が当該者の情報を保存している場合には，「漏えい，滅失又は損等の防止のための安全管理措置を個人情報と同等に講ずる」ように求めている。死亡した個人に関する情報が，同時に，遺族等の生存する個人に関する情報でもある場合には，当該生存する個人に関する情報として法の対象となるとしている。

　また，福祉サービス利用者のみならず，利用者の家族，施設の職員，ボランティア等の個人情報も対象であるとしている。

ⅱ) 個人情報データベース等，個人データ，保有個人データ

　個人情報保護法第2条において，個人情報データベース等（法第2条第2

項），個人データ（法第2条第4項），保有個人データ（法第2条第5項）の定義を示しているが，ガイドラインにおいて，以下のように用語の定義[5]がなされている。

「個人情報データベース等」とは，特定の個人情報をコンピュータを用いて検索することができるように体系的に構成した個人情報を含む情報の集合体，またはコンピュータを用いていない場合であっても，紙面で処理した個人情報を一定の規則（たとえば，五十音順，生年月日順など）に従って整理または分類し，特定の個人情報を容易に検索することができるよう，目次，索引，符号等を付し，他人によっても容易に検索可能な状態においているものをいう。

「個人データ」とは，個人情報データベース等を構成する個人情報をいう。

「保有個人データ」とは，福祉関係事業者が，開示，内容の訂正，第三者への提供の停止等を行なうことのできる権限を有する個人データであって，その存否が明らかになることにより以下の各項目に該当するものまたは6か月以内に消去することとなるもの以外のものをいう。保有個人データでなければ，開示，内容の訂正等を行なう対象とならない。

 a）当該個人データの存否が明らかになることにより，本人又は第三者の生命，身体又は財産に危害が及ぶ恐れがあるもの
 b）当該個人データの存否が明らかになることにより，違法又は不当な行為を助長し，又は誘発する恐れがあるもの
 c）当該個人データの存否が明らかになることにより，国の安全が害される恐れ，他国若しくは国際機関との信頼関係が損なわれるおそれ又は他国若しくは国際機関との交渉上不利益を被る恐れがあるもの
 d）当該個人データの存否が明らかになることにより，犯罪の予防，鎮圧又は捜査その他の公共の安全と秩序の維持に支障が及ぶおそれがあるもの

個人情報に関してガイドラインでは，「個人情報データベース等のように整理されていない場合でも個人情報に該当する」[6]としている。

ⅲ）個人情報取扱事業者とは

個人情報保護法の「『個人情報取扱事業者』とは，個人情報データベース等を事業の用に供している者」（第2条第3項）をいい，国の機関，地方公共団体等のほか，取り扱う個人情報の量及び利用方法からみて個人の権利利益を害す

る恐れが少ないものとして政令で定める者が除かれる。ガイドラインが対象とする福祉関係事業者とは，個人情報取扱事業者である「社会福祉法」(1951(昭和26)年法律第45号)第2条(第2項第3号ならびに第3項第4号，第9号及び第10号を除く)に規定する社会福祉事業を実施する事業者であり，具体的には，次の個人情報取扱事業者をいう。保護施設，身体障害者更生援護施設，婦人保護施設，児童福祉施設，知的障害者援護施設，母子福祉施設，精神障害者社会復帰施設，授産施設，隣保館，へき地保健福祉館，へき地保育所，地域福祉センター，精神障害者居宅生活支援事業，身体障害者居宅介護等事業，知的障害者居宅介護等事業，児童居宅介護等事業などの社会福祉事業を実施する事業者である[7]。

なお，社会福祉分野で「介護保険法」(1997(平成9)年法律第123号)に規定する居宅サービス事業，居宅介護支援事業及び介護保険施設を経営する事業，「老人福祉法」(1963(昭和38)年法律第133号)に規定する老人居宅生活支援事業及び老人福祉施設を経営する事業その他高齢者福祉サービス事業を行なう者が保有する介護関係の個人情報の取り扱いについては，別途，「医療・介護関係事業者における個人情報の適切な取扱いのためのガイドライン」(2004(平成16)年12月24日・厚生労働省)が定められている。

「個人情報の保護に関する法律施行令」(2003(平成15)年12月10日政令第507号)第2条で，個人情報取扱事業者から除かれる事業者を，識別される特定の個人の数の合計が過去6か月以内のいずれの日においても5,000を超えない事業者としているが，ガイドラインでは，個人情報取扱事業者に当たらない事業者にあっても，法令，基本方針，ガイドラインの趣旨をふまえ，個人情報の適正な取り扱いに取り組むことが期待されている。

3 福祉関係事業者の義務

(ア) 個人情報取得に関する義務：福祉関係事業者は，個人情報を適正な方法で取得し取得時に本人に対して利用目的を明示する等，以下の個人情報保護法の規定により遵守すべき事項がある。なお，本項において，法的な義務等を定めている文章の主語は，個人情報取扱事業者あるいは福祉関係事業者である。

ⅰ）利用目的の特定（第15条）
　　a）個人情報を取り扱うに当たっては，その利用目的をできる限り特定しなければならない。
　　b）個人情報の利用目的を変更する場合には，変更前の利用目的と相当の関連性を有すると合理的に認められる範囲を超えて行ってはならない。
ⅱ）個人情報の適正な取得（第17条）
　　偽りその他不正の手段により個人情報を取得してはならない。
ⅲ）取得に際しての利用目的の通知等（第18条）
　　a）個人情報を取得した場合は，あらかじめその利用目的を公表している場合を除き，速やかに，その利用目的を，本人に通知し，又は公表しなければならない。
　　b）契約書その他本人から直接書面に記載された当該本人の個人情報を取得する場合は，あらかじめ本人に対し，その利用目的を明示しなければならない。ただし，人の生命，身体又は財産の保護のために緊急に必要がある場合は，この限りでない。
　　c）利用目的を変更した場合は，変更された利用目的について，本人に通知し，又は公表しなければならない。
　ガイドラインでは，「利用目的の公表方法としては，事業所内等に掲示するとともに，可能な場合にはホームページへの掲載等の方法により，なるべく広く公表する必要がある」[8]と，示している。

（イ）個人情報利用等に関する義務：福祉関係事業者は，あらかじめ本人の同意を得た利用目的の達成に必要な範囲を超えて個人情報を扱うことはできない。また，あらかじめ本人の同意を得なければ第三者に個人データを提供してはならない。
ⅰ）利用目的による制限（第16条）
　　a）あらかじめ本人の同意を得ないで，特定された利用目的の達成に必要な範囲を超えて個人情報を取り扱ってはならない。
　　b）合弁その他の事由により他の個人情報取扱事業者から事業を継承することに伴って個人情報を取得した場合は，あらかじめ本人の同意を得ないで，承継前における当該個人情報の利用目的の達成に必要な範囲を超えて，当該個人情報を取り扱ってはならない。

ⅱ）**保有個人データに関する事項の公表等**（第24条）

保有個人データに関し，本人の知り得る状態（本人の求めに応じて遅滞なく回答する場合を含む。）に置かなければならない。

「知り得る状態」とは，「本人が知ろうと思えば知ることができる状態をいい，福祉関係事業者の態様に応じて適切な方法による必要があるが，例えば，施設の受付窓口等での常時掲示・備え付けを行うことが考えられる」[9]と，ガイドラインでは示している。

また，ガイドラインでは，「本人の同意を得るために個人情報を利用すること」や「個人情報を匿名化するために個人情報に加工を行うこと」は差し支えないとしている[10]。

ⅲ）**個人データの第三者提供について**（第23条）

　ａ）あらかじめ本人の同意を得ないで，個人データを第三者に提供してはならない。

　ｂ）本人の求めに応じて個人データの第三者への提供を停止することとしている場合であって，あらかじめ，本人に通知し，又は本人が容易に知り得る状態に置いているときは，本人の同意を得ないで個人データを第三者に提供することができる（第三者提供の特則。オプトアウト）。

具体的には，個人データが，ａ．第三者への提供を利用目的とし，ｂ．どのような種類の情報が，ｃ．どのような方法で第三者へ提供されることとなるのか，ｄ．本人の求めに応じて第三者への提供を停止するむねを，あらかじめ本人に通知するか，本人が容易に知り得る状態に置くことが求められると，ガイドラインでは示している[11]。

　ｃ）委託の場合，合弁等の場合，個人データを特定の者との間で共同して利用するとして，あらかじめ本人に通知等を行っている場合は，第三者提供とみなされない。

ⅳ）**安全管理措置等に関する義務**

　ａ）データ内容の正確性の確保（第19条）

　　利用目的の達成に必要な範囲内において，個人データを正確かつ最新の内容に保つよう努めなければならない。

　ｂ）安全管理措置（第20条）

　　個人データの漏えい，滅失又はき損の防止その他の個人データの安全管

理のために必要かつ適切な措置を講じなければならない。

　　c）従業者の監督（第21条）

　　　個人データの安全管理が図られるよう，個人データを扱う従業者に対する必要かつ適切な監督を行わなければならない。

　ガイドラインでは，従業者とは，「契約社員，嘱託社員，アルバイト，パートのみならず，理事，派遣労働者，ボランティア，実習生その他の当該事業者の指揮命令を受けて業務に従事する者すべてを含むものである」[12]としている。

　　d）委託先の監督（第22条）

　　　個人データの取扱いの全部又は一部を委託する場合は，その取扱いを委託された個人データの安全管理が図られるよう，委託を受けた者に対する必要かつ適切な監督を行わなければならない。

ⅴ）保有個人データの開示等に関する義務

　　a）保有個人データの利用目的の開示（第24条第2項）

　　　本人から，当該本人が識別される保有個人データの利用目的の通知を求められたときは，本人に対し，遅滞なく，これを通知しなければならない。

　　b）保有個人データの開示（第25条）

　　　本人から，当該本人が識別される保有個人データの開示を求められたときは，本人に対し，政令で定める方法により，遅滞なく，当該保有個人データを開示しなければならない。

　政令で定める方法とは，「書面の交付による方法（開示の求めを行った者が同意した方法がある時は，当該方法）」（「個人情報の保護に関する法律施行令」第6条）としている。

　　c）保有個人データの訂正等（第26条）

　　　本人から，当該本人が識別される保有個人データの内容が事実でないという理由によって当該保有個人データの内容の訂正，追加又は削除（以下「訂正等」という）を求められた場合には，利用目的の達成に必要な範囲内において，遅滞なく必要な調査を行い，その結果に基づき，当該保有個人データの内容の訂正等を行わなければならない。

　　d）保有個人データの利用停止等（第27条第1項）

　　　本人から，当該本人が識別される保有個人データが，あらかじめ本人の

同意を得ないで，特定された利用目的の達成に必要な範囲を超えて取り扱われたこと，又は偽りその他不正の手段により取得されたことが理由により，当該保有個人データの利用の停止又は消去（以下「利用停止等」という）を求められ，その求めに理由があることが判明したときは，違反を是正するために必要な限度で，遅滞なく当該保有個人データの利用停止等を行わなければならない。

e）保有個人データの第三者提供の停止（第27条第2項）

本人から，当該本人が識別される保有個人データが，あらかじめ本人の同意なく（第23条第1項に違反して）第三者に提供されている理由によって，当該保有個人データの第三者への提供の停止を求められ，その求めに理由があることが判明した場合は，遅滞なく，当該保有個人データの第三者への提供を停止しなければならない。

f）理由の説明（第28条）

本人から求められた保有個人データの利用目的の公開（第24条），開示（第25条），訂正（第26条），利用停止等（第27条）において，本人から求められた措置をとらない旨又はその措置と異なる措置をとる旨を通知する場合は，本人に対し，その理由を説明するよう努めなければならない。

ⅵ）**苦情処理に関する義務**（第31条）

個人情報の取扱いに関する苦情の適切かつ迅速な処理に努めなければならない。また，その目的を達成するために必要な体制（苦情処理窓口の設置や苦情処理の手順を定めるなど）の整備に努めなければならない。

4　主務大臣の監督，罰則規定

福祉関係事業者が義務規定に違反し，不適切な個人情報の取扱いを行なっている場合には，主務大臣である厚生労働大臣が，必要に応じ事業者に対し勧告，命令等の措置をとることができ，事業者が命令に従わなかった場合には罰則の対象となる。

ⅰ）**主務大臣による報告の徴収・助言**（第32条，第33条）

主務大臣は，個人情報取扱事業者に対し，個人情報の取扱いに関し報告（第32条）をさせ，必要な助言（第33条）をすることができる。

ⅱ）**勧告及び命令**（第34条）
　　ａ）勧告　主務大臣は，個人情報取扱事業者が第16条から第18条，第20条から第27条，又は第30条第2項の規定に違反した場合において，個人の権利利益を保護するため必要があると認めるときは，当該事業者に対し，当該違反行為の中止，その他違反を是正するために必要な措置をとるべき旨を勧告することができる。
　　ｂ）命令（第2項）　主務大臣は，勧告を受けた個人情報取扱事業者が正当な理由がなくてその勧告に係る措置をとらなかった場合において，個人の重大な権利利益の侵害が切迫していると認めるときは，当該事業者に対し，その勧告に係る措置をとるべきことを命ずることができる。
　　ｃ）緊急命令（第3項）　主務大臣は，個人情報取扱事業者が，第16条，第17条，第20条から第22条，第23条第1項の規定に違反した場合において，個人の重大な権利利益を害する事実があるため緊急に措置をとる必要があると認めるときは，当該事業者に対し，当該違反行為の中止，その他違反を是正するために必要な措置をとるべきことを命ずることができる。

ⅲ）**罰則規定**
　福祉関係事業者が，主務大臣である厚生労働大臣の勧告や命令に違反した場合，罰則規定が定められている。
　　ａ）主務大臣の措置命令に違反した者は，6か月以下の懲役又は30万円以下の罰金に処す（第56条）。
　　ｂ）主務大臣による報告の徴収に対して，無報告又は虚偽の報告をした者は，30万円以下の罰金に処す（第57条）。
　　ｃ）両罰規定（第58条）
　　　法人の代表者又は法人若しくは人の代理人，使用人その他の従業者が，その法人又は人の業務に関して，第56条，第57条の違反行為をしたときは，行為者を罰するほか，その法人又は人に対しても，各本条の罰金刑を科する。

第3節 個人情報保護法と保育実習との関係

1 利用者の個人情報との関わりから

　個人情報保護法の施行により，保育実習先である福祉関係事業者は，個人情報保護法に定める義務等を履行・遵守しなければならなくなった。福祉関係事業者が，個人情報を漏えいさせるなどの事態を起こせば，その事業者は利用者本位のサービスを提供していないという評価を受けることとなり，社会的信用を失墜することとなる。そればかりでなく，前節でふれたように，個人情報保護法の義務規定に違反し不適切な個人情報の取り扱いが生じた場合には，厚生労働大臣が，必要に応じ福祉関係事業者に対し勧告，命令等の措置をとることができ，福祉関係事業者が命令に従わなかった場合には罰則の対象となる。実習生は，ガイドラインでは「従業者」に含まれており，その監督を福祉関係事業者は行なわなければならない。そのため，実習先施設からは，実習生が利用者の個人情報を取り扱うことに関して今まで以上に慎重な声が聞こえてきている。また，実習先施設の中には，個人情報保護法を理由に，いっさい利用者の個人情報を実習生に提供しないところもある。とくに，「保育実習Ⅰ（施設）」や「保育実習Ⅲ」のMSで取り上げられている，実習生の援助計画の理解，立案，実践に関しての項目の達成には，施設利用者の個人情報の利用は必要不可欠であり，養成校としては新たな課題を抱えることとなった。

　個人情報保護法の目的は，「個人情報を取り扱う事業者の遵守すべき義務等を定めることにより，個人情報の有用性に配慮しつつ，個人の権利利益を保護すること」（第1条）である。実習生が，保育実習の目的を達成するため実習施設の利用者の個人情報を利用することは，個人情報保護法の目的に反することにはならない。しかしながら，これまで以上に養成校は，保育実習の目的の理解と協力を実習施設である福祉関係事業者に求める必要が生じたことになる。

　ガイドラインから，福祉関係事業者の理解と協力のもと，実習生が実習施設の利用者の個人情報を利用できる根拠を整理してみたい。

　　　福祉関係事業者は，個人情報取得時に本人に対して，その利用目的の特定（第15条）をし，取得に際しての利用目的の通知等（第18条）を行なわなければならない。

◆第4章◆ 「個人情報の保護に関する法律」の施行にあたって

　ガイドラインでは，「別表1　福祉関係事業者の通常の業務で想定される利用目的（以下「別表1」という）」の中で，福祉関係事業者の個人情報の利用目的を示している（表4-1）。別表1の中には「事業者内において行われる学生の実習への協力」という項目が記されており，福祉関係事業者の通常の業務で想定される利用目的の範囲に実習生への個人情報の提供が含まれている。

　福祉関係事業者は，別表1を参考に個人情報の利用目的を書面等で明示し，本人の同意を得る必要がある。また，ガイドラインでは，本人の同意のほか「本人が未成年者又は被後見人の場合は，法定代理人の同意を得ることが必要である」[13]としている。したがって，実習施設である福祉関係事業者が，個人情報の利用目的に実習への提供を示し，本人及び法定代理人の同意を得れば，その施設での実習生の個人情報の利用は認められることとなる。

　また，ガイドラインでは，「ボランティア，実習生などについては，その目的を達成するためには，個人情報に触れるケースが多いと考えられるが，ボランティア，実習生などが個人情報に触れる場合には，当該者に対しても，個人情報保護に対する意識を徹底する」[14]と，実習生の個人情報利用の前提のもとに，個人情報保護に対する意識の徹底のため，福祉関係事業者による実習生に対する教育研修の実施が示されている。

　以上，ガイドラインから，福祉関係事業者の理解と協力のもと，実習生が実習施設の利用者の個人情報を利用できる根拠を整理してみた。

　守秘義務に関してガイドラインでは，「福祉関係事業者は，個人情報の取扱いに当たり，法，令，基本方針及び本方針に示すほか，個人情報保護又は守秘義務に関する他の法令等（関係資格法等）の規定を遵守しなければならない」[15]とし，「別表3　福祉関係業務に従事する者の守秘義務」を示し，個人情報保護法制において福祉分野における個別法の役割を示している（表4-2）。

　養成校では，守秘義務に関する学生の理解を講義や保育実習の事前指導等において行なっているが，守秘義務の規定は，「故意に秘密を漏えいする行為のみを対象とするものであり，過失の場合は適用されない点に限界」[16]がある。今後学生に対しては，守秘義務はもちろんのこと，個人情報保護に対する意識（個人情報の主体は本人であること）の徹底を養成校としても図る必要がある。

　養成校が，学生への個人情報保護に対する意識の徹底を図り，実習施設に対して保育実習の目的理解への努力を継続することで両者の理解と連携は深めること

表 4-1 「別表 1　福祉関係事業者の通常の業務で想定される利用目的」[3][17]

(保護施設，身体障害者更生援護施設，婦人保護施設，児童福祉施設，知的障害者援護施設，母子福祉施設，精神障害者社会復帰施設，授産施設，盲人ホーム，隣保館，へき地保健福祉館，へき地保育所，地域福祉センター，精神障害者居宅生活支援事業，知的障害者居宅介護等事業，身体障害者居宅介護等事業，児童居宅介護等事業などの社会福祉事業を実施する事業者（社会福祉法第 2 条（第 2 項第 3 号並びに第 3 項第 4 号，第 9 号及び第10号を除く。）に規定する社会福祉事業を実施する事業者))

【本人へのサービス提供に必要な利用目的】
〔事業者の内部での利用に係る事例〕
・当該事業者が本人等に提供するサービス（具体的なサービスの名称を記載すること）
・施設の管理運営業務のうち，
　　―入退所等の管理
　　―会計・経理
　　―事故等の内部報告
　　―当該利用者の福祉サービスの向上
・費用の請求及び収受に関する事務
〔他の事業者等への情報提供を伴う事例〕
・当該事業者が利用者等に提供するサービスのうち，
　　―他の事業者等（具体的な事業者等の名称を記載すること）との連携
　　―他の事業者等（具体的な事業者等の名称を記載すること）からの照会（具体的な照会事項を記載すること）への回答
　　―外部の者（具体的な名称を記載すること）の意見・助言を求める場合
　　―業務委託（具体的な名称を記載すること）
　　―家族等への状況の説明
・費用の請求及び収受に関する事務

【上記以外の利用目的】
〔事業者の内部での利用に係る事例〕
・事業者の管理運営業務のうち
　　―福祉サービスや業務の維持・改善のための基礎資料
　　―事業者内において行われる学生の実習への協力
　　―事業者内において行われるケース研究

表4-2 「別表3 福祉関係業務に従事する者の守秘義務」[18]

資格名	根拠法
社会福祉士	社会福祉士及び介護福祉士法（第46条）
介護福祉士	社会福祉士及び介護福祉士法（第46条）
精神保健福祉士	精神保健福祉士法（第40条）
精神障害者地域生活支援センターの職員	精神保健及び精神障害者福祉に関する法律（第50条の2の2）
保育士	児童福祉法（第18条の22）
指定居宅介護事業所の従業者	身体障害者福祉法に基づく指定居宅支援事業者等の人員，設備及び運営に関する基準（第34条第1項，第2項） 知的障害者福祉法に基づく指定居宅支援事業者等の人員，設備及び運営に関する基準（第34条第1項，第2項） 児童福祉法に基づく指定居宅支援事業者等の人員，設備及び運営に関する基準（第34条第1項，第2項）
基準該当居宅介護事業所の従業者	身体障害者福祉法に基づく指定居宅支援事業者等の人員，設備及び運営に関する基準（第44条） 知的障害者福祉法に基づく指定居宅支援事業者等の人員，設備及び運営に関する基準（第44条） 児童福祉法に基づく指定居宅支援事業者等の人員，設備及び運営に関する基準（第44条）
指定デイサービス事業所の従業者	身体障害者福祉法に基づく指定居宅支援事業者等の人員，設備及び運営に関する基準（第59条） 知的障害者福祉法に基づく指定居宅支援事業者等の人員，設備及び運営に関する基準（第59条） 児童福祉法に基づく指定居宅支援事業者等の人員，設備及び運営に関する基準（第59条）
基準該当デイサービス事業所の従業者	身体障害者福祉法に基づく指定居宅支援事業者等の人員，設備及び運営に関する基準（第63条） 知的障害者福祉法に基づく指定居宅支援事業者等の人員，設備及び運営に関する基準（第63条） 児童福祉法に基づく指定居宅支援事業者等の人員，設備及び運営に関する基準（第63条）

指定短期入所事業所の従業者	身体障害者福祉法に基づく指定居宅支援事業者等の人員，設備及び運営に関する基準（第80条） 知的障害者福祉法に基づく指定居宅支援事業者等の人員，設備及び運営に関する基準（第80条） 児童福祉法に基づく指定居宅支援事業者等の人員，設備及び運営に関する基準（第80条）
指定地域生活援助事業所の従業者	知的障害者福祉法に基づく指定居宅支援事業者等の人員，設備及び運営に関する基準（第95条）
指定身体障害者更生施設の従業者	指定身体障害者更生施設等の設備及び運営に関する基準（第35条第1項，第2項）
指定身体障害者療護施設の従業者	指定身体障害者更生施設等の設備及び運営に関する基準（第47条）
指定特定身体障害者授産施設の従業者	指定身体障害者更生施設等の設備及び運営に関する基準（第59条）
指定知的障害者更生施設の従業者	指定知的障害者更生施設等の設備及び運営に関する基準（第37条第1項，第2項）
指定特定知的障害者授産施設の従業者	指定知的障害者更生施設等の設備及び運営に関する基準（第53条）
指定知的障害者通勤寮の従業者	指定知的障害者更生施設等の設備及び運営に関する基準（第62条）
身体障害者更生援護施設の職員	身体障害者更生援護施設の設備及び運営に関する基準（第9条第1項，第2項）
知的障害者援護施設の職員	知的障害者援護施設の設備及び運営に関する基準（第9条第1項，第2項）

［参考］
○社会福祉士及び介護福祉士法
　第46条　社会福祉士又は介護福祉士は，正当な理由がなく，その業務に関して知り得た人の秘密を漏らしてはならない。社会福祉士又は介護福祉士でなくなつた後においても，同様とする。
○精神保健福祉士法
　第40条　精神保健福祉士は，正当な理由がなく，その業務に関して知り得た人の秘密を漏らしてはならない。精神保健福祉士でなくなつた後においても，同様とする。
○精神保健及び精神障害者福祉に関する法律
　第50条の2の2　精神障害者地域生活支援センターの職員は，その職務を遂行するに当たっては，個人の身上に関する秘密を守らなければならない。

○児童福祉法
　第18条の22　保育士は，正当な理由がなく，その業務に関して知り得た人の秘密を漏らしてはならない。保育士でなくなつた後においても，同様とする。
○身体障害者福祉法に基づく指定居宅支援事業者等の人員，設備及び運営に関する基準
　第34条　指定居宅介護事業所の従業者は，正当な理由がなく，その業務上知り得た利用者又はその家族の秘密を漏らしてはならない。
　2　指定居宅介護事業者は，従業者であった者が，正当な理由がなく，その業務上知り得た利用者又はその家族の秘密を漏らすことがないよう，必要な措置を講じなければならない。
　3　（略）

ができる。そして，そのことで実習施設の不安は解消され，個人情報の利用を許可していなかった実習施設からも実習生に対し施設利用者の個人情報が提供されることになるであろう。

　また，個人情報の主体はサービス利用者本人であるとの観点に立てば，利用者と福祉関係事業者との関係は契約関係であり，養成校と実習生は，個人情報保護に関する誓約書等を実習施設に対し提出するなどの事務的な手続きが必要となると思われる。

2　実習生の個人情報の関わりからの課題

　個人情報保護法の対象となる福祉関係事業者が保有する個人情報は，福祉サービス利用者に関わる個人情報のみならず，「利用者の家族，施設の職員，ボランティア等の個人情報も対象である」[19]とガイドラインで示されている。実習生はボランティアと同様，従業者として福祉関係事業者の監督のもとにあることからも，実習生に関する個人情報もその対象となる。養成校は，実習先の福祉関係事業者との間で，養成校が提供する実習生の個人情報（個人調査書等）の内容として，どの程度の範囲が必要であるか等の協議が必要となろう。実習を行なうにあたって実習生の不要な個人情報を福祉関係事業者が保有することは，実習先の福祉関係事業者にとっても管理する手間とリスクをともなうからである。もちろん，実習先に提供される個人情報について，学生の同意が必要となるであろう。

第4節 個人情報保護のための連携に向けて

　福祉関係事業者は,「多数の利用者やその家族について,他人が容易に知り得ないような個人情報を詳細に知り得る立場」[20]にあり,「個人情報の適正な取扱いが強く求められ」[21]ている。福祉関係事業者は,従業者である実習生が個人情報の適正な取扱いを行なうよう,個人情報保護に対する意識を徹底しなければならなくなった。実習生が保育実習の目的を達成するために利用者の個人情報を利用するためには,実習施設である福祉関係事業者が,あらかじめ「事業者内において行われる学生の実習への協力」という項目を通常の業務で想定される利用目的の範囲として,書面等で明示し利用者本人の同意を得る必要がある。また,「本人が未成年者又は被後見人の場合は,法定代理人の同意を得ることが必要」[22]とされる。個人情報の主体は利用者本人であり,福祉関係事業者と利用者との関係は契約関係であり,個人情報保護法の施行は,個人情報に対する意識変革の必要性をもたらしたといえる。これにともない,養成校と実習施設との連携の必要性も高まったといえる。先にも述べたが,保育実習期間中は,実習生は従業者として実習施設である福祉関係事業者の監督のもとにあり,実習の目的達成のための個人情報の利用に対して,あらかじめ利用者や法定代理人の同意が必要となる。その利用目的の必要性を利用者に説明するのは,実習施設である。そのため,養成校は,実習施設が保育実習の目的を理解し実習への協力が得られるよう,今まで以上のくふうと努力が必要となった。

　保育実習は,養成校と実習施設との二者関係で考えられがちであったが,今後は,養成校,学生,実習施設,利用者の四者関係でとらえていく必要があると思われる。

【参考文献】

藤田康幸(編著)　2005　『個人情報保護法Q&A〈第2版〉』　中央経済社
中野郁美　2005　『実践　介護事業者における個人情報保護対応マニュアル』　東京法規出版

【注】

- 1　厚生労働省雇用均等・児童家庭局長,厚生労働省社会・援護局長通知(雇児発第1130001号／社援発第1130002号,2004(平成16)年11月30日)

◆第4章◆ 「個人情報の保護に関する法律」の施行にあたって

- 2 厚生労働省医政局長，厚生労働省医薬食品局長，厚生労働省老健局長通知（医政発第1224001号／薬食発第1224002号／老発第1224002号，2004（平成16）年12月24日）
- 3 下線は本委員会による。

【引用文献】

［1］ 厚生労働省 2004 「福祉関係事業者における個人情報の適正な取扱いのためのガイドライン」（平成16年11月），p. 1.
［2］ ［1］を参照。
［3］ 厚生労働省 2004 「福祉関係事業者における個人情報の適正な取扱いのためのガイドライン」（平成16年11月），p. 5.
［4］ ［3］を参照。
［5］ 厚生労働省 2004 「福祉関係事業者における個人情報の適正な取扱いのためのガイドライン」（平成16年11月），p. 6.
［6］ ［3］を参照。
［7］ 厚生労働省 2004 「福祉関係事業者における個人情報の適正な取扱いのためのガイドライン」（平成16年11月），p. 10.
［8］ ［7］を参照。
［9］ 厚生労働省 2004 「福祉関係事業者における個人情報の適正な取扱いのためのガイドライン」（平成16年11月），p. 21.
［10］ 厚生労働省 2004 「福祉関係事業者における個人情報の適正な取扱いのためのガイドライン」（平成16年11月），p. 8.
［11］ 厚生労働省 2004 「福祉関係事業者における個人情報の適正な取扱いのためのガイドライン」（平成16年11月），p. 19.
［12］ 厚生労働省 2004 「福祉関係事業者における個人情報の適正な取扱いのためのガイドライン」（平成16年11月），p. 13.
［13］ 厚生労働省 2004 「福祉関係事業者における個人情報の適正な取扱いのためのガイドライン」（平成16年11月），p. 20.
［14］ 厚生労働省 2004 「福祉関係事業者における個人情報の適正な取扱いのためのガイドライン」（平成16年11月厚生労働省），p. 14.
［15］ 厚生労働省 2004 「福祉関係事業者における個人情報の適正な取扱いのためのガイドライン」（平成16年11月厚生労働省），p. 3.
［16］ 岡村久道 2004 『個人情報保護法』 商事法務 p. 410.
［17］ 厚生労働省 2004 「福祉関係事業者における個人情報の適正な取扱いのためのガイドライン」（平成16年11月），p. 32.
［18］ 厚生労働省 2004 「福祉関係事業者における個人情報の適正な取扱いのためのガイドライン」（平成16年11月），pp. 35-37.
［19］ ［3］を参照。
［20］ ［1］を参照。
［21］ ［1］を参照。

第Ⅰ部　ミニマムスタンダード策定の意義

［22］［13］を参照。

第Ⅱ部
保育実習指導のミニマムスタンダード

はじめに

　「保育実習指導のミニマムスタンダード」は以下にあげる2つの目的のため，全国保育士養成協議会専門委員会が策定し，提案するものである。
　第1の目的は，全国の保育士養成校が共有する保育実習指導に係る標準的事項を提案することにある。
　近年，指定保育士養成施設（以下「養成校」という）の量的拡大が進み，2007（平成19）年6月現在，全国保育士養成協議会に加盟する養成校は436を数え，そこにおける学生定員の総数は十万人を超える。保育士の養成は，専修学校，短期大学，四年制大学といった養成の年限や規模（学生・教員数など）だけでなく，第一部（昼間課程），第二部（夜間），第三部（昼間定時），通信教育部など，多様な学びの形態で進められていることに特徴の1つがある。
　2003（平成15）年に保育士資格が名称独占資格として法定化され，広域化・重層化する保育士の専門性について教育し，社会・生活体験の変容が伝えられる多様な資質を有する学生に対応する効率的な実習指導体制を構築することは，新たに保育士養成に参入した養成校にとってのみならず，保育士養成の伝統校をも含めた全養成校に共通する喫緊の課題の1つといえるだろう。
　「保育実習指導のミニマムスタンダード」は，このような保育士養成を取り巻く状況をふまえ，保育実習指導のいっそうの質的充実を願い，養成校が共有する標準的事項として提案するものである。
　ただその一方で「保育実習指導のミニマムスタンダード」の策定に対しては，各養成校や実習施設における実習指導の自由度を狭め，中央集権的な画一化が促進されるのではないかと危惧する声がある。事実上の「全入時代」に突入した高等教育機関では，生き残りをかけ峻烈な募集戦線がくり広げられている。比較的

学生募集が堅調と伝えられる保育士養成の分野にあっても，その事情に大差はない。養成校間の差別化を図るために独自性の高い保育実習指導体制を構築することは，就職率の向上とともに，学生募集の切り札として有効に機能する。MS策定に対する懸念は，こうした養成校を取り巻く深刻な危機の認識から出発したものであることは想像に難くない。

しかし，標準的事項を欠く独自性の主張は抽象化し，具体的な意味を希薄化させる。

MSの策定と各養成校における実習指導の自由度とは矛盾・対立するものではなく，全国各地において高等教育機関の第三者評価が推進される中，保育実習指導に係る標準的事項を共有することは，養成校がみずからの教育の水準について点検・評価を行なう際の実効的な尺度として機能するものと考えられる。養成校は自閉的な孤立にとどまるのではなく，専門文化の尺度を共有したうえで，養成の独自性をより鮮明にしていくことが求められる。

あらためて確認するまでもなく，「保育実習指導のミニマムスタンダード」は全国の養成校に対し一定の強制力をもつものであったり，それを等閑視することによってなんらかの不利益が発生したりするものではない。しかし，だからこそ，実習指導に係る標準的事項の共有を進めることは，自律的な専門文化を形成し国家資格者の養成という社会的責務に応えていく営みとなるに違いないと考えられるのである。

第2の目的は，養成校と実習施設の実習指導者相互が共有できる保育実習指導に係るMSを構築することにある。

保育実習指導の問題は，広範で多義的な内容を包含するものであるだけに，これまで養成校と実習施設とが協働して取り組む研究は部分的かつ地域的な取り組みにとどまり，組織間の連携のもとに展開される機会はきわめて少なかった。現段階で，養成校と実習施設との間に，保育実習指導に係る明確な合意を見いだすことはむずかしい。そのため，実習施設には養成校ごとに異なる記録の様式や多様な評価の基準・尺度などが氾濫し，その解釈は実質的に実習生を担当する個別の指導者にゆだねられているのが現状である。このことが，実習施設にあって実習生を指導する保育士の職務の遂行に過重な負担を強いていることは想像に難くない。

保育実習は，保育士の専門性と文化の伝承・伝達の具体的過程に他ならない。次代の保育を担う人材育成の場として保育実習が効率的に機能し続けていくた

めには，実習施設における実習指導者（指導担当職員）が，あらかじめ実習生が養成校において受けてきた教育の内容（実習指導計画）を把握し，実習評価の尺度，訪問指導の目的・意義などについて，養成校との間で共通理解を図るための諸作業が不可欠なのである。

　こうした認識をもとに，本委員会は全国の養成校における保育実習指導の実態調査と事例研究等の結果を参考に「保育実習指導のミニマムスタンダード試案」[1]（以下「試案」という）を策定し，それについて全国の幅広い方々の検討を仰ぐことにした。「実習プログラム」「実習評価」「訪問指導」の3項目から構成される試案は，2004（平成16）年10月21日全国保育士養成セミナー●1における問題提起として提案されたものだが，まずその参加者に対し質問紙を配布し同試案に対する意見・提案等を求めた。次に，全国の養成校における実習指導者にも同様の質問紙を送付し，意見・提案等を求めた。さらに，実習施設において実習指導を担当される職員に対する意見・提案の聴取は，関係する職能団体へ質問紙を配布し意見・提案を求めることにした。

　「保育実習指導のミニマムスタンダード」は，このようにして得られた意見・提案をもとに，慎重かつ創造的な議論を経て提起するものである。なお，本MSには，新たに2005（平成17）年4月より施行された個人情報保護法に係る必要なプログラムを付加してある。

　試案の提案以降，われわれは全国の養成校，実習施設から真摯で示唆に富む数々の提案・提言を受けることができた。「保育実習指導のミニマムスタンダード」は，実習指導の質的充実に寄せるこうした方々の強い期待によって策定にされたものといってけっして過言ではない。MS策定に対する賛意の表明は，われわれを勇気づけ奮い立たせるに十分なものであったし，批判的な論及は議論を活性化させ，建設的な方向から主題への接近を果たすことに寄与するものであった。

　紙面を借りて，これらの方々への深甚なる謝意を表明するものである。

　今後，われわれは本MSが広く全国の養成校，実習施設の創意くふうのもと活用され，洗練された方法論として進化・発展していくことを願うものである。そのために必要な諸作業の継続を残された研究の課題とすることにしたい。

　「保育実習指導のミニマムスタンダード」における用語については，第Ⅰ部第1章 p.7を参照されたい。

【注】

- 1　平成16年度全国保育士養成セミナー，2004年10月20日〜21日，愛知県名古屋市「名古屋市民会館中ホール」

【引用文献】

［1］　全国保育士養成協議会　2004　「効果的な保育実習のあり方に関する研究Ⅱ——保育実習指導のミニマムスタンダード確立に向けて」『保育士養成資料集第40号』（2004年10月21日）

第5章

実習指導計画

　本章で提示する実習指導計画とは，保育士としての専門的な知識と技能を実習施設で培うために，養成校側が学生に学ばせたい（理解させたい）実習指導の具体的内容を，段階性と継続性を意図しながら組み立てた実習の全体的な指導計画である。

　保育実習の実施基準及び教授内容は，「局長通知」の別紙2，別紙3によって示されている。とくに別紙3の「教科目の教授内容」では，「保育実習Ⅰ」（5単位），「保育実習Ⅱ」（2単位），「保育実習Ⅲ」（2単位）の目標と内容が明示されている。本章は，これらの教科目の目標・内容に依拠しながらも，国家資格化された保育士の資質の向上，実習指導に関する養成校教員の共通認識，さらには実習施設と連携を図ることを意図した実習指導の具体的内容の提案である。

第1節　事前・事後指導

1　教科目の教授内容

　「局長通知」の別紙3「教科目の教授内容」によると，「保育実習Ⅰ」の目標は表5-1のとおりである。

　また，それに続き，「保育所における実習（2単位）」，「居住型児童福祉施設等における実習（2単位）」とともに，表5-2の「保育実習指導（1単位）」のねらい及び内容が提示されている。

◆第5章◆　実習指導計画

表5-1　「保育実習Ⅰ」の目標[1]

1．児童福祉施設の内容，機能等を実践現場での体験を通して理解させる。
2．既習の教科全体の知識・技能を基礎とし，これらを総合的に実践する応用力を養う。
3．保育士としての職業倫理と子どもの最善の利益の具体化について学ばせる。

表5-2　「保育実習指導」のねらいと内容[1]

（ねらい）
　保育実習を円滑に進めていくための知識・技術を習得し，学習内容・課題を明確化するとともに，実習体験を深化させる。
（内　容）
1．事前指導として学内において講義や視聴覚学習等を用いた演習を行い，また実習施設において見学・オリエンテーション等を行う。とりあげる内容は次の通りである。
　（1）保育実習の意義・目的・内容の理解。
　（2）保育実習の方法の理解。
　（3）実習の心構えの理解。特に個人のプライバシーの保護と守秘義務，子どもの人権尊重についての理解。
　（4）実習課題の明確化。
　（5）実習記録の意義・方法の理解。
　（6）実習施設の理解。
2．実習中に巡回指導を行い，実習施設の実習指導担当者との連携のもとに，実習生へのスーパービジョンを行う。
3．実習終了後に，事後指導として実習総括・評価を行い，新たな学習目標を明確化させる。

2　事前・事後指導の考え方

　養成校の実習指導計画作成の基準となっているのが，「局長通知」である。同基準の別紙2として「保育実習実施基準」が提示されている。ここでは「保育実習Ⅰ」の目的が「保育実習は，その習得した教科全体の知識，技能を基礎とし，これらを総合的に実践する応用力を養うため，児童に対する理解を通じて保育の理論と実践との関係について習熟させることを目的とする」と提示され，さらにこの目的に沿って履修の方法が示されている（表5-3）。また，履修の方法の備考

2では,「保育実習(必修科目)5単位の履修方法は実習に関する<u>事前及び事後指導1単位</u>のほか,保育所における実習2単位,その他(A)に掲げる保育所以外の施設における実習2単位とする」と記され,事前・事後指導が1単位として規定されている●2。

表5-3 保育実習の履修の方法●1

実習種別（第1欄）	履修方法（第2欄）		実習施設（第3欄）
	単位数	施設におけるおおむねの実習日数	
保育実習 （必修科目）	5単位	20日	(A)
保育実習Ⅱ （選択必修科目）	2	10日	(B)
保育実習Ⅲ （選択必修科目）	2	10日	(C)

備考1　第3欄に掲げる実習施設の種別は,次によるものであること。
(A)…保育所及び乳児院,母子生活支援施設,児童養護施設,知的障害児施設,盲ろうあ児施設,肢体不自由児施設,重症心身障害児施設,情緒障害児短期治療施設,児童自立支援施設,知的障害者更生施設(入所),知的障害者授産施設(入所),児童相談所一時保護施設又は独立行政法人国立重度知的障害者総合施設のぞみの園
(B)…保育所
(C)…児童厚生施設又は知的障害児通園施設その他社会福祉関係諸法令の規定に基づき設置されている施設であって保育実習を行う施設として適当と認められるもの(保育所は除く。)

ここでは厚生労働省が提示している「保育実習の目的」あるいは「保育実習指導(1単位)」のねらい及び内容を意識しながらも,養成校として学生に実習前,あるいは実習後に指導しておきたい標準的な事項を,以下の5つの観点から整理した。

　ⅰ）学生が事前・事後指導の具体的内容を的確に理解できる項目であること
　ⅱ）学生の主体的な学習が次の学習に連動・継続する項目であること
　ⅲ）個別的な指導も視野に入れた事前・事後指導に関する項目であること
　ⅳ）「保育実習Ⅱ」「保育実習Ⅲ」の事前・事後指導にも共通するミニマムな項

目であること
ⅴ）養成校と実習施設との連携を意識した項目であること

3 事前指導

表 5-4 「事前指導」の実習指導計画

	大 項 目	小 項 目
1	実習の意義・目的・内容を理解させる。	保育士養成課程における「保育実習Ⅰ」の位置づけを学び，その意義・目的を理解させる。
		「保育実習Ⅰ」の具体的内容を把握し，実習計画全体を理解させる。
2	実習の方法を理解させる。	実習の段階を学び，その具体的内容と実習の方法を理解させる。
		保育士の職務を理解し，その役割について理解させる。
		子ども（利用者）理解の方法を学ばせる。
3	実習の心構えについて理解させる。	個人のプライバシーの保護と守秘義務の主旨を学び，理解させる。
		個人情報の保護に関する法律の主旨を理解させる。
		子ども（利用者）の人権尊重について学び，理解させる。
		実習生としてふさわしい服装や言葉遣いについて確認させる。
		社会人として必要な挨拶や時間厳守の意味を理解させる。
4	実習課題を明確にさせる。	実習において自らの達成すべき課題を明らかにさせる。
5	実習記録の意義・方法を理解させる。	記録を取ることの意義を考えさせる。
		実習記録の具体的内容を確認し，その記録方法を学ばせる。
6	保育計画，指導計画を理解させる。	保育計画・指導計画，援助計画の意義を学び，保育の計画について理解させる。
		指導・援助計画を立案するために必要な知識を習得させる。

	大項目	小項目
7	実習施設を理解させる。	事前の保育所・施設見学，またはビデオや講演等を通じて，実習施設を理解させる。
		様々な種別の児童福祉施設に関心を持たせる。
		事前訪問を実施させ，実習施設におけるオリエンテーションに参加させる。
		事前訪問の結果・成果について確認し，報告させる。
8	実習に関する事務手続きについて把握させる。	履歴書（個人票）など実習に必要な書類を作成させる。
		検便（腸内細菌検査）・健康診断等の手続きをさせる。
		実習保険に入る意義，緊急時の連絡方法を理解させる。
9	実習直前の指導をする。	欠席や遅刻・早退の連絡方法を伝える。
		評価票の内容について把握させる。
		教員の訪問指導の意義やその内容を学生に伝える。
		実習指導者と訪問指導者が異なる場合は，学生と訪問指導者との打ち合わせを事前に行う。

4 事後指導

表 5-5 「事後指導」の実習指導計画

	大項目	小項目
1	実習内容を確認させる。	実習の具体的な内容を学生に報告させる。
		課題の達成状況について報告させる。
		実習中に印象に残ったできごと・体験を整理させる。
		実習中のトラブルや深刻な悩みについて個別に聴き，助言する。
		実習体験を報告しあい，互いの問題点を話し合わせる。
2	実習施設からの評価を知らせる。	実習施設からの評価を学生に知らせる。
		自己評価を行わせ評価の"ずれ"を検討させる。
3	今後の方向性を明確化する。	保育実習Ⅱ，保育実習Ⅲへの課題を明確にさせる。
		必要な今後の学習課題を明確にさせる。

第 2 節 「保育実習Ⅰ（保育所）」と「保育実習Ⅱ」

1 「保育実習Ⅰ（保育所）」と「保育実習Ⅱ」のねらいと内容

表 5-6 「保育実習Ⅰ（保育所）」のねらいと内容

（ねらい）
　保育所の生活に参加し，乳幼児への理解を深めるとともに，保育所の機能とそこでの保育士の職務について学ばせる。
（内　容）
　1．実習施設について理解させる。
　2．保育の一日の流れを理解し，参加させる。
　3．子どもの観察や関わりを通して乳幼児の発達を理解させる。
　4．保育計画・指導計画を理解させる。
　5．生活や遊びなどの一部分を担当し，保育技術を習得させる。
　6．職員間の役割分担とチームワークについて理解させる。
　7．記録や保護者とのコミュニケーションなどを通して家庭・地域社会を理解させる。
　8．子どもの最善の利益を具体化する方法について学ばせる。
　9．保育士としての倫理を具体的に学ばせる。
　10．安全及び疾病予防への配慮について理解させる。

表 5-7 「保育実習Ⅱ」のねらいと内容

（ねらい）
　1．保育所の保育を実際に実践し，保育士として必要な資質・能力・技術を習得させる。
　2．家庭と地域の生活実態にふれて，子ども家庭福祉ニーズに対する理解力，判断力を養うとともに，子育てを支援するために必要とされる能力を養う。
（内　容）
　1．保育全般に参加し，保育技術を習得させる。
　2．子どもの個人差について理解し，対応方法を理解させる。特に発達の遅れや生活環境にともなう子どものニーズを理解し，その対応について学ばせる。
　3．指導計画を立案し，実際に実践させる。
　4．子どもの家族とのコミュニケーションの方法を，具体的に修得させる。
　5．地域社会に対する理解を深め，連携の方法について具体的に学ばせる。

6．子どもの最善の利益への配慮を学ばせる。
　7．保育士としての職業倫理を理解させる。
　8．保育所の保育士に求められる資質・能力・技術に照らし合わせて，自己の課題を明確化させる。

2　「保育実習Ⅰ（保育所）」と「保育実習Ⅱ」の考え方

　「保育実習Ⅰ（保育所）」と「保育実習Ⅱ」の共通項は，実習生が保育所で日々営まれる保育，いわゆる通常保育とよばれる活動に参加することである。つくったり表現したりして遊ぶ，絵本を読む，手遊びをする，外遊びを楽しむといった日常の生活や遊びをとおして，実習生は保育に必要な知識や技能を徐々に習得し，みずからの力量を養っていくのである。また，「保育実習Ⅰ（保育所）」は，保育所で生活を営む乳幼児への理解と保育所の機能やそこで働く保育士の職務について学ぶことをねらいとしているが，「保育実習Ⅱ」では，それらをふまえたうえで，実習経験の集大成である指導実習を行なう。さらに，家庭と地域の生活実態にふれて，子ども家庭福祉ニーズに対する理解，判断力を養い，子育てを支援するために必要な能力を養うところまでの水準が求められている。

　このような観点から，保育所での実習をとおして実習生に学ばせる標準的な事項を以下の4つの観点から整理した。

　ⅰ）「保育実習Ⅰ（保育所）」と「保育実習Ⅱ」の継続性を理解することができる項目であること
　ⅱ）「保育実習Ⅰ（保育所）」と「保育実習Ⅱ」の段階性を理解することができる項目であること
　ⅲ）学生が保育所実習全体をとおして，子ども，家庭，地域への理解を深化できる項目であること
　ⅳ）保育所保育士としての職業倫理を涵養することのできる項目であること

3 「保育実習Ⅰ（保育所）」

表5-8 「保育実習Ⅰ（保育所）」の実習指導計画

大 項 目	小 項 目
1　実習施設について理解を深めさせる。	実習する保育所の概要を理解させる。
	実習する保育所の設立理念と保育の目標を理解させる。
2　保育所の状況や一日の流れを理解し，参加させる。	保育所の生活に主体的に参加し，一日の流れを理解させる。
	保育に参加し，保育所の状況を理解させる。
3　乳幼児の発達を理解させる。	観察やかかわりを通して，乳幼児の遊びや生活の実態を理解させる。
	積極的に遊びの仲間に加わり，かかわりを通して，乳幼児の発達を理解させる。
4　保育計画・指導計画を理解させる。	保育計画の意義を理解し，保育の実態を学ばせる。
	保育計画に基づく指導計画のあり方を学ばせる。
	部分実習などにおける指導計画の立案を試みさせる。
5　保育技術を習得させる。	保育の実際を通して，保育技術を学ばせる。
	保育の一部分を実際に担当し，子どもの援助・指導を行わせる。
6　職員間の役割分担とチームワークについて理解させる。	職員の役割分担を理解させる。
	保育士のチームワークの具体的な姿について学ばせる。
7　家庭・地域社会との連携について理解させる。	保育所と家庭との連絡ノートやおたより等の実際に触れ，その役割について理解させる。
	登所，降所の際の保育士と保護者とのかかわりを通して，家庭とのコミュニケーションのとり方を学ばせる。
	地域における子育て支援事業の実態について理解させる。
8　子どもの最善の利益を具体化する方法について学ばせる。	日常の保育士と子どもとのかかわりを通して，子どもにとってよりよい生活やかかわりのあり方を学ぶ。
	子どもの最善の利益を追求する保育所全体の取り組みについて学ばせる。

9	保育士の倫理観を具体的に学ばせる。	守秘義務が具体的にどのように遵守されているかを学ばせる。
		個人のプライバシーが，具体的にどのように保護されているかを学ばせる。
10	安全及び疾病予防への配慮について学ばせる。	保育所全体の安全に対する仕組みと個々の配慮を理解させる。
		保育所全体の衛生に対する仕組みと個々の配慮を理解させる。
		一人一人の子どもに対する安全の配慮を理解させる。
		一人一人の子どもに対する衛生の配慮を理解させる。

4 「保育実習Ⅱ」

表 5-9 「保育実習Ⅱ」の実習指導計画

	大　項　目	小　項　目
1	保育全般に参加し，保育技術を習得させる。	デイリープログラムを把握し，保育全般に積極的に参加させる。
		保育士の職務を理解し，保育技術を習得させる。
2	子どもの個人差について理解し，多様な保育ニーズへの対応方法を習得させる。	子どもの個人差に応じた対応の実際を学ばせる。
		子どもの発達の違いに応じた援助の方法を習得させる。
		特別な配慮を要する子どもへの理解を深め，その対応について学ばせる。
		延長保育をはじめとする多様な保育サービスを体験させ，その必要性を理解させる。
3	指導計画を立案し，実践させる。	保育の一部分を担当する指導計画を立案し，それを実践させる。
		一日の保育を担当する指導計画を立案し，それを実践させる。
4	家族とのコミュニケーションの方法を，具体的に習得させる。	連絡ノート，おたより等による家庭との連携を学ばせる。
		日常の保護者との対応に触れ，コミュニケーションの方法を学ばせる。

5	地域社会との連携について具体的に学ばせる。	子育て支援のニーズを理解し，地域における保育所の役割について学ばせる。
		園庭開放，一時保育等の実際に触れ，その地域の保育ニーズを理解させる。
		地域の社会資源（児童相談所・小学校・図書館・医療機関等）との連携について学ばせる。
6	子どもの最善の利益への配慮を学ばせる。	保育所の理念，目標等から，その意味を理解させる。
		保育士の援助の方法や対応から，その姿勢を学ばせる。
		児童虐待への防止についての対応を学ばせる。
7	保育所保育士としての職業倫理を理解させる。	守秘義務の遵守について，実際的に理解させる。
		保育士の具体的な職業倫理について理解させる。
8	自己の課題を明確にする。	保育士に必要な資質について理解させる。
		実習を総括し，実習を通して得た問題や課題を確認させる。
		必要な今後の学習課題を確認させる。
		課題を実現させていく具体的方法を考えさせる。

第3節 「保育実習Ⅰ（施設）」と「保育実習Ⅲ」

1 「保育実習Ⅰ（施設）」と「保育実習Ⅲ」のねらいと内容

表5-10 「保育実習Ⅰ（施設）」のねらいと内容

（ねらい）
　居住型児童福祉施設等の生活に参加し，子どもへの理解を深めるとともに，居住型児童福祉施設等の機能とそこでの保育士の職務について学ばせる。
（内　容）
　1．実習施設について理解させる。
　2．養護の一日の流れを理解し，参加させる。
　3．子どもの観察や関わりを通して，乳幼児の発達を理解させる。
　4．援助計画を理解させる。

5．生活や援助などの一部分を担当し，養護技術を習得させる。
6．職員間の役割分担とチームワークについて理解させる。
7．記録や保護者とのコミュニケーションなどを通して家庭・地域社会を理解させる。
8．子どもの最善の利益についての配慮を学ばせる。
9．保育士としての職業倫理を理解させる。
10．安全及び疾病予防への配慮について理解させる。

表5-11 「保育実習Ⅲ」のねらいと内容

（ねらい）
1．児童福祉施設（保育所以外），その他社会福祉施設の養護を実際に実践し，保育士として必要な資質・能力・技術を習得させる。
2．家庭と地域の生活実態にふれて，子ども家庭福祉ニーズに対する理解力，判断力を養うとともに，子育てを支援するために必要とされる能力を養う。

（内　容）
1．養護全般に参加し，養護技術を習得させる。
2．子どもの個人差について理解し，対応方法を習得させる。特に発達の遅れや生活環境にともなう子どものニーズを理解し，その対応について学ばせる。
3．援助計画を立案し，実際に実践させる。
4．子どもの家族とのコミュニケーションの方法を，具体的に修得させる。
5．地域社会に対する理解を深め，連携の方法について具体的に学ばせる。
6．子どもの最善の利益を具体化する方法について学ばせる。
7．保育士としての倫理を具体的に学ばせる。
8．児童福祉施設等の保育士に求められる資質・能力・技術に照らし合わせて，自己の課題を明確化させる。

2 「保育実習Ⅰ（施設）」と「保育実習Ⅲ」の考え方

「保育実習Ⅰ（施設）」と「保育実習Ⅲ」は，「保育実習Ⅰ（保育所）」と「保育実習Ⅱ」が保育所という同一種の実習施設での実習であったのとは異なり，保育所以外のさまざまな種別の児童福祉施設，あるいは社会福祉施設がその対象となる。「保育実習実施基準」における履修方法の備考1に示されているように，保育実習Ⅰ（施設）では乳児院，母子生活支援施設をはじめとする居住型の実習施設での実習となる。さらに「保育実習Ⅲ」では，児童厚生施設をはじめ他の社会

福祉施設諸法令に基づき設置されている施設での実習が含まれ，その実習施設の種別はさらに広範囲にわたっている。

そのため，多種多様な施設での実習をとおして学生に学ばせる標準的な事項を以下の3つの観点から整理した。

- ⅰ)「保育実習Ⅰ（施設）」と「保育実習Ⅲ」において継続性のある学習や経験を示した項目であること
- ⅱ) 施設における実習全体をとおして，子ども（利用者），家庭，地域への理解を深化できるような項目であること
- ⅲ) 施設保育士としての職業倫理を涵養することのできる項目であること

3 「保育実習Ⅰ（施設）」

表5-12 「保育実習Ⅰ（施設）」

	大項目	小項目
1	実習施設について理解を深めさせる。	実習する施設の概要を理解させる。
		実習する施設の設立理念と養護の目標を理解させる。
2	施設の状況や一日の流れを理解し，参加させる。	施設の生活に参加し，一日の生活の流れを理解させる。
		子ども（利用者）や保育士とともに生活し，施設の生活状況を理解させる。
3	子ども（利用者）のニーズを理解させる。	観察を通して，子ども（利用者）の実態を理解させる。
		子ども（利用者）と生活を共にし，積極的にかかわることを通して，子ども（利用者）のニーズを理解させる。
4	援助計画を理解させる。	援助計画の意味を理解し，施設全体の援助の実態を学ばせる。
		年齢・発達その他個人の特性などに応じた援助計画のあり方を学ばせる。
5	養護技術を習得させる。	保育士の援助の実際を通して，養護技術を学ばせる。
		生活の一部分を実際に担当し，子ども（利用者）の養護を理解させる。
		子ども（利用者）の個別性に配慮した養護のあり方を学ばせる。

6	職員間の役割分担とチームワークについて理解させる。	職員間の引き継ぎ等に触れ、一貫性・継続性に配慮した養護の視点を学ばせる。
		異業種間の業務内容や役割に触れ、チームワークのあり方について理解させる。
7	施設・家庭・地域社会との連携について理解させる。	施設と家庭との連携の実態に触れ、そのあり方について理解させる。
		保育士と保護者とのかかわりについて説明し、連携のあり方を学ばせる。
		地域における子育て支援事業の実態について理解させる。
		地域における社会資源(児童相談所・小中学校・医療機関等)について理解させる。
8	子ども(利用者)の最善の利益を具体化する方法について学ばせる。	日常の保育士と子ども(利用者)とのかかわりを通して、子ども(利用者)にとってよりよい生活やかかわりのあり方を学ばせる。
		子ども(利用者)の最善の利益を追求する施設全体の取り組みについて学ばせる。
9	保育士の倫理観を具体的に学ばせる。	守秘義務の遵守等がどのようになされているのかを学ばせる。
		個人のプライバシーが、具体的にはどのように保護されているかを学ばせる。
10	安全及び疾病予防について理解させる。	施設全体の安全に対する仕組みと個々の配慮を理解させる。
		一人一人の子ども(利用者)に対する安全の配慮を理解させる。
		一人一人の子ども(利用者)に対する衛生の配慮を理解させる。

4 「保育実習Ⅲ」

表 5-13 「保育実習Ⅲ」

	大 項 目	小 項 目
1	養護全般に参加し，養護技術を習得させる。	施設の養護活動に参加し，養護技術を習得させる。
		保育士の職務を理解し，日々の生活を通してその役割を習得させる。
2	子ども（利用者）の個人差，子ども（利用者）のニーズについて理解し，その対応方法を習得させる。	子ども（利用者）に共感し，受容する態度を身につけさせる。
		子ども（利用者）の個人差に応じた対応方法を身につけさせる。
		子ども（利用者）の発達の違いに応じた養護の方法を学ばせる。
		生活環境にともなう，子ども（利用者）のニーズを理解させる。
3	援助計画を立案し，実践させる。	援助計画を立案し，指導担当職員のもとで実践させる。
4	家族とのコミュニケーションの方法を具体的な事例を通して学ばせる。	日常の保護者との対応を通して，コミュニケーションの方法を学ばせる。
5	地域社会との連携について具体的に学ばせる。	地域の子育て支援のニーズを理解し，施設の役割について学ばせる。
		地域支援事業等の実際に触れ，その地域の保育ニーズを理解させる。
		地域の社会資源との連携について理解を深めさせる。
6	子ども（利用者）の最善の利益への配慮を学ばせる。	実習施設の理念，目標等から，その意味を理解させる。
		保育士の援助の方法や対応から，その姿勢を学ばせる。
		子ども（利用者）の権利擁護の実際について学ばせる。
7	施設保育士として職業倫理を理解させる。	守秘義務の遵守について，実際的に理解させる。
		保育士の具体的な職業倫理について理解させる。

8	自己の課題を明確化させる。	施設保育士に必要な資質や養護技術について理解させる。
		施設実習を総括し，実習を通して得た問題や課題を確認させる。
		必要な今後の学習課題を確認させる。
		課題を実現させていく具体的方法を考えさせる。

【注】

- 1　厚生労働省雇用均等・児童家庭局長通知「指定保育士養成施設の指定及び運営の基準について」(雇児発第1209001号，2003（平成15）年12月9日)
- 2　下線は本委員会による。

第 6 章

実習評価

　本章では，実習評価に関するすべてをカバーするのでなく，実習評価についての基本的な考え方を MS として示し，さらに評価票等について，案の例示を行なう。これらをもとに，各養成校で評価の方針と方法について考えていただきたい。

▌第1節▌ 実習評価の考え方

1　らせん状の学習モデル

　評価については，「Plan → Do → See」，つまり，「計画→実施→評価」というサイクルを確認しておきたい。ここでの「評価」は，最終結果ではなく，次段階の「計画」への過程である。

　つまりこのサイクルは，計画から評価までのサイクルが単にくり返されるだけでなく，評価が次の計画に生かされ，サイクルの個々の行為の質がらせん状に徐々に向上していく「学習」モデルである。このモデルにしたがって，実習における評価を，その後の学生の学びをうながし，専門性を向上させるものと考えたい。

　そうであるならば，実習における「評価」においては，その前段階の「実施」，あるいはさらにその前の「計画」段階にさかのぼって検討されなければならないし，また「評価」による，あるいは「評価」後のフィードバックに基づく新たな「計画」や「実施」につながるものでなくてはならない。

　らせん状の学習過程が効果的に機能するために，評価を点つけの結果に終わらせず，実習反省会などの事後指導の機会を活用して，学生の成長をうながしたい。

2 公正さ

　保育・福祉の現場における日々の1つひとつの営みは1回性の，固有の現象である。また，実習施設ごとに，指導担当職員ごとに，実習生ごとに，あるいは実習担当教員ごとに評価や判断の基準が異なる。こうした個々の状況をすべて把握して考慮に入れて，各学生への評価を公正に実施する基準を作成する，あるいは客観的な評価ができる評価者を養成することは不可能なので，私たちは，公正さを保障し得るような代案を考えなければならない。

　評価は，学生がみずからへの評価に納得し，そこから具体的課題と解決のヒントを得られるようなものでなければならない。そうした過程を保障し得る手続きを確立することで，公正さの代わりとすることができる。その1つとして，実習評価において，指導担当職員と実習担当教員間のコミュニケーションを確保するだけでなく，学生が参画するというあり方を提案する。

　学生が事前に評価基準を把握し，みずからが何をすべきなのかを明確にすることが生産的な実習につながる。何が評価されるか，そのために自分には何が課題であるかを自覚し，示された評価結果と自分のもくろみや自己評価とのズレから，みずからの専門職としてのあり方を客観的に省察し，さらに課題を見いだしていくという成長につながる。

　評価される側が何を評価されるか，どのように評価されるか，されたかという情報にアクセスできないのは，公正でない。また学生の成長という観点から非生産的であるといえる。

3 実習評価と人間性への評価

　保育士がよりよい人間性を備えることが望ましいことはいうまでもない。しかし，実習に対する評価にあたっては，あくまで，実習生の保育の力量をできるだけ冷静かつ客観的に評価し，学生にその後の学習課題を示すことが肝要である。

　日本では何かについて評価するという場合，それが人間性の評価を含み込む，あるいは混同される傾向があるので，評価が悪いと人間性まで否定されたような気持ちになってしまい，不必要に落ち込んだり意欲を低下させたりしてしまう恐れがある。学生には，「評価はあくまで，保育士という専門家になることへ向け

ての現時点でのあなたの保育士候補者としての力量の充足度を示したものです。足りないところはあなたの人間性の欠陥といった問題ではありません。あなたが今後，足りなかったところを補う勉強をしていくことが重要です。評価がよくても悪くてもあなたの人間性は変わらず受け入れられていますから安心してチャレンジを続けてください」といったメッセージを送る必要があり，このことを現場にも理解してもらうことが望ましい。

保育士養成校にけっして少なくないと思われる，学力に自信がなく自尊感情を十分もつことができていない学生に，そうした配慮なく「あなたの実習評価はこうです」とただ問題点を指摘しても，学生たちは，「ではそれを補うためにがんばろう」ではなく，「やはり自分はだめなのだ」とみずからをネガティブに再定義して向上心をもてなかったり，「単位さえ取れればよいのだ」と，専門性そのものの向上から意欲がそれてしまったりする。

こうした問題を克服すれば，学生の実習内容の個々の要素を率直に評価でき，したがって学生自身の課題も明確になる。

第2節 評価の手続き

実習における具体的な評価手続きについて，次の2つを検討する。第1に，現場での実習全期間を通じた評価，第2に，事前・事後指導を含む教科目「保育実習」の単位認定に係る評価である。その後にこれらの評価をいかに関係づけるかについて考える。また，付加的な提案として，個々の指導実習の評価についてもふれておきたい。

1 現場実習の評価

この評価は，基本的に指導担当職員による。その評価を施設長が承認するという手続きになるだろう。指導担当職員が複数の場合，当該職員間で合議して評価してもらい，指導した職員全員の名前を記して，施設長の承認を得ることになる。

次のような評価手順をスタンダードとして提示したい。

実習方針の確認 → 実習前半 → 中間評価 → 実習後半 → 最終評価 → 実習反省

「実習方針の確認」は，施設と養成校の間では文書もしくは面談において，実習生と実習担当教員間では授業において，いずれも実習前に，そして実習生と施設との間では，事前訪問において面談で，あるいは実習初日に面談で実施される。これは，相互に，この実習の目標が何であり，何を評価するのかを共有する手続きである。評価票を介して確認し合うことが必要である。

実習が始まったら，半ば頃に「中間評価」を実施する。ここでは，指導担当職員が評価票の評価項目に照らして，この時点での評価を学生に伝え，実習後半の課題を明確に確認し合うことが重要である。実習指導教員が「中間評価」の日程に合わせて訪問し，三者が立ち会うことができれば申し分ない。

最終評価では，中間評価において明らかになった課題等をふまえつつ，指導担当職員の評価を学生に提示して，実習後半の成長を確認したうえで，実習生のその後の学習課題を明確にする。指導担当職員と施設長が同席することが望ましい。

2 教科目「保育実習」の評価

ここでは，教科目としての実習の各段階と評価対象と評価の比重を学生に明示し，結果について，個別に示すことを提案する。具体的な内容について表6-1で例示する。

評価対象となる個々の事項とその比重を明示することは，学生が，何をどれだけ評価されるかを理解することにつながり，事前事後も含めて実習を1つの構造として，一連の流れの中で理解することにつながる。自分が今どの段階にいて何をすべきなのかがより明確になり，具体的な目標や課題意識をもちやすくなる。

比重はあくまで例であるが，一定の根拠のもとに作成したので，説明を加えておきたい。ここでは，学習を定着させる事後の作業を重視している。したがって，実習日誌や事後指導の割合を多めにとっている。また，実習施設による評価は，施設や評価者による基準のバラつきが，実習施設，養成校，実習生の三者間で評価する方式などを通じてある程度解消されていけば，より比重を高めてよいだろう。

学生に実習反省会など実習成果の発表の機会をもたせ，さらにそれを次年度実習生の事前指導に重ねるとよい。反省会は，分科会形式やポスターセッション形式などを用い，発表内容と，討議内容のレポートとについて，事前に評価基準を

示したうえで評価し，儀式に終わらないよう留意する必要がある。

「保育実習Ⅱ」及び「保育実習Ⅲ」では「実習」段階の評価の比重をより大きくしてよいと考える。それらは，単位構成上は「事前・事後指導」を含んでいないが，学習効果を高めるためには，なんらかの事前及び事後の指導が不可欠である。したがってその事前・事後指導の内容についても評価を組み込む必要がある。

なお，事前事後指導における評価項目については，前章の実習指導計画における事前事後指導に対応させることが望ましい。

表6-1　成績評価の基準（例）

教科目	段階	評価の対象	評価の比重	
「保育実習Ⅰ」	事前指導	レポート，試験	10%	15%
		諸手続き	5%	
	実習	指導計画	10%	60%
		実習日誌	20%	
		実習施設による評価	30%	
	事後指導	実習レポート	15%	25%
		実習反省会等での報告，レポート	10%	

3　指導実習の評価

訪問指導の際には，あらかじめ指導担当職員，実習生と打ち合せをして，実習生の指導実習の一部を観察し，評価し，指導担当職員の評価と実習生の自己評価とをつき合わせながら，三者で意見や考えや説明を交換し合うことが望ましい。この評価を「保育実習」の評価に組み込む必要はない。ここで重要なことは，

・学生が，何ができているかを認識して，自信をもつこと。
・学生が，何ができていないかを認識して，それ以降の実習課題を明確にし，向上への意欲や動機づけを高めること。
・学生が，自分への評価が公正に，そして情熱をもって行なわれていることを知ることにより，指導担当職員と実習担当教員を信頼し，評価を受容して生かすという姿勢に導くこと。

- 指導担当職員に，ここに挙げたような養成校の評価の姿勢を共有してもらうこと。
- 指導担当職員と実習担当教員が，評価の観点や方法を共有すること。
- 実習指導における，三者のコミュニケーションをより開かれた，有効な方向にうながすこと。

である。

指導実習の評価においては，
- 計画段階：ねらい・内容の設定，環境構成，準備など。
- 実施段階：導入，展開，声や話し方の適切さ，資源の有効な活用，一人ひとりの子どもへの配慮，子どもへの対応，安全への配慮，チームワークなど。

の観点から，指導実習を観察しながら簡単にチェックできる具体的な項目を設定し，「非常によくできている」，「できている」，「改善を要する」の3段階程度で評価すればよいと思われる。また短い観察時間では設定項目のすべてが評価可能なように見いだされるとは限らないので，これら3段階の尺度に，「今回の観察では評価不能」といった意味合いの補足的尺度を加えておくと役に立つ。

三者による話し合いは，簡潔でよいので，指導実習終了直後がよい。お互い，事後にいろいろと解釈し直したりして認識が事実から離れていく前に，また詳細が忘れ去られてしまう前に，感じていることをすぐに交換することが，率直で開かれたコミュニケーションとなりやすく，実習生も指導を受容しやすい。後から考えて気づいたこと，わかったことについても，随時交換できる体制が望まれる。

第3節 実習評価票

1 基本的な考え方

評価は「実習生としてすぐれている」，「実習生として適切である」，「実習生として努力を要する」の3段階評価とした。学習をうながすという目的に照らしたとき，細かく点数をつけることにあまり意味がない（ただし項目を細かく設定することは有用となり得る）。養成校から提供された評価票では5段階の尺度を採用しているものが多いが，単なる採点でなく，課題となるポイントが明確になればよいので3段階とシンプルにした。ただしこの場合，「実習生として努力を要

する」にためらいなくチェックできるよう，評価の意味を現場や学生と共有しておく必要がある。この点こそが学生のその後の学習課題となるからである。

3段階であると，テンポよく評価しやすく，評価基準が実習施設や評価者によってぶれにくいというメリットがある。各項目についてより具体的に評価の根拠などを書くことができるよう，必要に応じて各評価項目にコメントを加えてもらうようにしている。

また「実習生として」と付して，評価の基準が，完成された保育士でなく，保育者のキャリア発達の初期段階における充足度であるということを理解してもらえるよう配慮した。

構成は，「態度」，「知識・技能」の2つの大項目を設定した。「態度」は社会人として，保育者としての双方に係る心情・意欲・態度を問う。これが個人の人間性を価値づけるようなものでないことに留意したい。「知識・技能」には，社会人として及び保育者としての「知識・技能」双方が含まれる。

評価を単なる成績ではなく，学生が，実習後の学習，あるいは就職後も思い起こして心を引き締めたり励みにしたりするようなものにしたいと考える。

2 評価票に含む事項

評価票には，基本的に以下の項目が必要である。事前に実習施設に提示する個人票との重複はできるだけ避け，文書の準備を煩雑にしないように留意したい。

・「保育実習Ⅰ（保育所）　評価票」など，実習種別がわかるタイトル
・養成校名
・実習生の学年（入学年度），学籍番号，氏名
・実習施設名
・施設長名・印，指導担当職員名・印（代表もしくは全員）
・実習期間
・出勤状況（出勤，欠勤，遅刻，早退の回数）
・各項目評価（態度，知識・技能）
・総合評価
・総合所見
・実習担当教員と実習生の署名欄

第Ⅱ部　保育実習指導のミニマムスタンダード

3 評価票の実際

（1）評価票（案）

　評価票の案として，表6-2〜6-5として例示する。なお，組み込んでいる諸要素がスタンダードであり，レイアウトは問わない。内容については，第5章，実習指導計画に対応させて，指導の一貫性を図っている。

　項目の設定においては，大項目と小項目という構成を採用する。「態度」と「知識・技能」という2つの大項目の下に，「知識・技能」面の比重を大きくして小項目を設定した。

　また，各項目別の評価に加え，「総合評価」を設定している。恣意性を避けるためには点数化が望ましいが，現時点で十分な根拠を提示できないので，各項目による評価と総合評価を直接には関連させていない。この場合も，総合評価の際には，項目評価を十分参照し，印象評価に陥らないよう留意する必要がある。

（2）実習段階ごとの評価について

　「保育実習Ⅰ（保育所）」と「保育実習Ⅱ」を連続して実施するような場合でも，それぞれの実習段階ごとに評価を行ない，それぞれに目標を設定して具体的な基準を作成する。この作業は実習生の学習目標と教員の教育目標を明確にし，それを共有して，一貫した学習と教育を行なうことの助けになる。

第4節　よりよい評価のために

　本章では，評価の形式だけでなく，その理念についてもできるだけ具体的に提示した。それは，実習生，指導担当職員，実習担当教員のいずれにとっても，適切な評価観を事前に明確に形成，共有しておくことが重要だと考えるからである。

　卒直な評価をすることはいくつかの困難をともなう。たとえば，実習生の意欲を低下させないかという不安や，そもそも厳しい評価をできるだけの知識や技能をもっているかという指導者側の自信の不十分さ，などがある。しかし，評価観を共有して共同で評価することで，具体的な課題を共有でき，望ましい協働関係の構築につながり，むしろ動機づけが高まるうえに，評価する側の向上や実習生

へのよりよい理解につながると考えられる。
　また，実習施設とも協働して次代を担う保育者を育てるという認識を共有し，実際にそれを進めていくことが，保育者養成における，学生，保育現場，養成校の協働関係の構築につながるであろう。

第Ⅱ部　保育実習指導のミニマムスタンダード

表6-2　評価票様式「保育実習Ⅰ（保育所）」（例）

保育実習Ⅰ（保育所）評価票

平成17年度　保養協短期大学　保育科

実習生	第　　学年　　学籍番号　　　　　　　　氏名				
施設名称		施　設　長　　　　　　　　　　　㊞ 指導担当職員　　　　　　　　　　㊞			
実習期間	平成　年　月　日（　）～平成　年　月　日（　）（合計　　日間）				
勤務状況	出勤　　日　欠勤　　日　遅刻　　回　早退　　回　備考				

項目	評価の内容	評価（該当するものをチェック）			所見
		実習生として優れている	実習生として適切である	実習生として努力を要する	
態度	意欲・積極性	□	□	□	
	責任感	□	□	□	
	探究心	□	□	□	
	協調性	□	□	□	
知識・技能	施設の理解	□	□	□	
	一日の流れの理解	□	□	□	
	乳幼児の発達の理解	□	□	□	
	保育計画・指導計画の理解	□	□	□	
	保育技術の習得	□	□	□	
	チームワークの理解	□	□	□	
	家庭・地域社会との連携	□	□	□	
	子どもとのかかわり	□	□	□	
	保育士の倫理観	□	□	□	
	健康・安全への配慮	□	□	□	
総合所見		総合評価（該当するものに〇）		実習生として A：非常に優れている B：優れている C：適切である D：努力を要する E：成果が認められない	

実習指導者　　　　　　　　　　
実　習　生

◆第6章◆ 実習評価

表6-3 評価票様式「保育実習Ⅰ（施設）」（例）

保育実習Ⅰ（施設） 評価票

平成17年度 保養協短期大学 保育科

実習生	第　学年	学籍番号		氏名			
施設名称				施　設　長　　　　　　　　　㊞ 指導担当職員　　　　　　　　㊞			
実習期間	平成　年　月　日(　)　～　平成　年　月　日(　)（合計　　日間）						
勤務状況	出勤　　日	欠勤　　日	遅刻　　回	早退　　回	備考		

項目	評価の内容	評　価（該当するものをチェック）			所見
		実習生として優れている	実習生として適切である	実習生として努力を要する	
態度	意欲・積極性	□	□	□	
	責任感	□	□	□	
	探究心	□	□	□	
	協調性	□	□	□	
知識・技能	施設の理解	□	□	□	
	一日の流れの理解	□	□	□	
	利用者のニーズの理解	□	□	□	
	援助計画の理解	□	□	□	
	養護技術の習得	□	□	□	
	チームワークの理解	□	□	□	
	家庭・地域社会との連携	□	□	□	
	利用者とのかかわり方	□	□	□	
	保育士の職業倫理	□	□	□	
	健康・安全への配慮	□	□	□	

総合所見		総合評価（該当するものに〇）	実習生として　A： 非常に優れている　B： 優れている　C： 適切である　D： 努力を要する　E： 成果が認められない

実習指導者　　　　　　　　　　
実　習　生

第Ⅱ部 保育実習指導のミニマムスタンダード

表6-4 評価票様式「保育実習Ⅱ」(例)

保育実習Ⅱ 評価票

平成17年度 保養協短期大学 保育科

実習生	第　学年	学籍番号		氏名	
施設名称			施 設 長		㊞
			指導担当職員		㊞
実習期間	平成　年　月　日(　)～平成　年　月　日(　)(合計　日間)				
勤務状況	出勤　　日　欠勤　　日　遅刻　　回　早退　　回				備考

項　目	評価の内容	評　価 (該当するものをチェック)			所　見
		実習生として優れている	実習生として適切である	実習生として努力を要する	
態度	意欲・積極性	□	□	□	
	責任感	□	□	□	
	探究心	□	□	□	
	協調性	□	□	□	
知識・技能	保育技術の展開	□	□	□	
	一人一人の子どもへの対応	□	□	□	
	子どもの最善の利益	□	□	□	
	指導計画立案と実施	□	□	□	
	記録	□	□	□	
	保護者とのかかわり	□	□	□	
	地域社会との連携	□	□	□	
	チームワークの実践	□	□	□	
	保育士の職業倫理	□	□	□	
	自己課題の明確化	□	□	□	
総合所見		総合評価(該当するものに○)			実習生として A： 非常に優れている B： 優れている C： 適切である D： 努力を要する E： 成果が認められない

実習指導者　　　　　　　　　
実 習 生

◆第6章◆ 実習評価

表6-5 評価票様式「保育実習Ⅲ」(例)

保育実習Ⅲ　評価票

平成17年度 保養協短期大学 保育科

実習生	第　　学年	学籍番号		氏名			
施設名称				施設長　　　　　　　　　㊞			
				指導担当職員　　　　　　㊞			
実習期間	平成　年　月　日(　)～平成　年　月　日(　)(合計　　日間)						
勤務状況	出勤　　日	欠勤　　日	遅刻　　回	早退　　回	備考		

項目	評価の内容	評　価（該当するものをチェック）			所見
		実習生として優れている	実習生として適切である	実習生として努力を要する	
態度	意欲・積極性	□	□	□	
	責任感	□	□	□	
	探究心	□	□	□	
	協調性	□	□	□	
知識・技能	養護技術の展開	□	□	□	
	一人一人の利用者への対応	□	□	□	
	利用者の最善の利益	□	□	□	
	援助計画立案と実施	□	□	□	
	記録	□	□	□	
	保護者とのかかわり	□	□	□	
	地域社会との連携	□	□	□	
	チームワークの実践	□	□	□	
	保育士の職業倫理	□	□	□	
	自己課題の明確化	□	□	□	
総合所見		総合評価（該当するものに○）	実習生として　A：非常に優れている　B：優れている　C：適切である　D：努力を要する　E：成果が認められない		

実習指導者　　　　　　　　　　
実　習　生

第 7 章

訪問指導

第1節 実習における訪問指導の位置づけ

　保育実習は実習施設における実習期間及び実習前後の実習指導だけの問題ではなく、養成校における保育士養成教育の全体の流れの中に位置づけられるものである。本節では、訪問指導のMSを提案するに際して、「訪問指導」の位置づけを確認し、養成校の実習指導者そして学生、実習施設の指導担当職員のそれぞれにとっての意義について考えておきたい。

1　実習全体における位置づけ

（1）実習サイクルの中の位置

　保育実習は学生の主体的な学びの機会であり、第6章で述べられたとおり、学生がらせん状の学習モデルで保育士の専門性を身につけていく過程である。「訪問指導」は、学生が実習を実施している時間に、実施している場で、養成校の教員が直接指導する形態であり、その機会ということになる。養成校の教員と実習生の双方にとって、実習前に作成した計画の実施状況を中間的に把握する機会となり、必要に応じて後半への動機づけや軌道修正をすることによって後半の実習をより有効な学びとすることが可能となる。

（2）教科目の教授内容として

　訪問指導はまた、教科目の教授内容としても示されている[1]。「保育実習Ⅰ（5単位）」の中の一部である「保育実習指導（1単位）」の「ねらいと内容」とし

て,「2. 実習中に巡回指導を行い,実習施設の実習指導担当者との連携のもとに,実習生へのスーパービジョンを行う」と明示されている。

すなわち,この通知内容に従えば,「保育実習Ⅰ(保育所)」と「保育実習Ⅰ(施設)」の期間内の訪問指導は,それらの事前・事後指導とともに「保育実習指導(1単位)」を構成する教授内容の一部ということである。また,教授内容の一部としての訪問指導には,実習施設の指導担当職員と連携して行なう,実習生へのスーパービジョンが求められているのである。

(3) 保育実習を実習施設と養成校がともに支え, ともに担う

学生が保育士として実践する能力を養う機会である保育実習を,直接に日々支え,また担っているのは実習施設であり,そこの指導担当職員である。しかし,この保育実習は実は養成校と実習施設との連携と協働によって実施されるものである。このことは「局長通知」にも盛り込まれている。保育実習計画は養成校と実習施設との協議によって策定すること[2],保育実習の目的を達成するために,養成校の実習指導者が実習施設の指導担当職員と相互に密接な連絡をとるように努めること[3],また実習期間中に訪問指導によって実習生を指導すること[4],その訪問指導としては,実習生へのスーパービジョンを実習施設の指導担当職員と連携して行なうこと[5],などがそれである。

学生が保育士へと育つ学びを支えるために,いくつかの機会を設けて養成校と実習施設とが連携と協働することになるが,直接学生に向けてその連携と協働を実践する機会が訪問指導である。すなわち,訪問指導は,実習しているその場で,具体的に実習生が抱えている課題を確認し,課題の達成に困難を感じている場合にはその困難さを克服するための力が発揮できるように,具体的また直接的に実習生を支える機会である。付随的には訪問指導者と指導担当職員間で実習に関わる諸事項の協議を行ない,養成校と実習施設とのより緊密な連携を図る機会ともなるのである。

(4) 訪問指導者

訪問指導者は,基本として,1人の学生の学内における事前・事後指導の実習指導者が,実習期間中にその学生の実習施設を訪問して現地で指導するものと考えるのが本来の姿であり,自然であろう。厚生労働省の通知[4]に,「実習指導者

は，実習期間中に少なくとも1回以上実習施設を訪問して学生指導をすること。」[6]と示されているのはこのことを意味している。また，「保育実習指導（1単位）」の内容の1つとして訪問指導が位置づけられている点からも，その考え方が支持されるであろう[1]。

しかし，現実的には養成校の実情からそれがかなわない場合も少なくない。実際には，それに代わるさまざまな方法を工夫して実施している。「局長通知」においても，養成校が実情に即して工夫することが容認されている。すなわち先の文章に続いて「なお，これによりがたい場合は，それと同等の体制を確保すること」と示されているのである。

本委員会の2002年度課題研究の報告に「巡回指導の担当者」に関する実態調査の結果が示されており[1]，8割の養成校において，保育士養成課程に関わっている全教員が実習施設の訪問指導を担っているのが実態であることがわかる。このように実習指導者以外の教員も訪問指導を担っている実態をかんがみると，訪問指導の内容について教員間である程度共通の認識をもち，また一定水準以上の訪問指導の成果をにらんだモデルの必要性は高いものと思われる。

2 当事者それぞれにおける意義

(1) 実習指導者及び養成校における意義

養成校における実習指導者及び養成校にとっての訪問指導の意義として次の4点をあげることができる。

①実習生との面談や観察によって実習状況を把握する機会をもつ。
②実習期間中の面談や実習日誌等の資料をもとに，実習施設の指導担当職員と連携して，より有意義な実習となるよう必要に応じた指導の機会をもつ。
③指導担当職員との懇談等をとおして，実習施設についての情報収集（実習指導体制，保育内容・方法など）ならびに養成校の教育・実習目標や方法の説明など諸事項の協議を行ない，実習や養成について実習施設と連携を図る機会とする。
④養成校における実習以前の指導内容を，実習施設の指導担当職員に正確に

伝えて，実習指導において協働する機会とする。

③④については事前のうち合わせ等において，双方が理解し了解済みであると思われるが，それが十分でなかった場合やその後の変更などについてこの機会を活用することができる。

（2）実習生における意義

実習生にとっての保育実習期間中の訪問指導の意義には次の6点があげられる。

①不安や緊張がほぐされて，安心感とやる気につながる機会となる。
②戸惑いや不安の原因や内容を明確化し，実習生自身の姿勢や価値観の明確化につなげる機会となる。
③実習の目標やそこへの到達状況を点検して，必要な修正と適切な方法の再確認の機会とする。
④実習施設側とのコミュニケーションの調整の機会とする。
⑤実習上の具体的な指導を受ける機会とする。
⑥実習遂行上の事務的学内ルールを確認する機会とする。

実習の年次あるいはその時期や段階によって，これらの意義の重みは異なることが推測される。初期の段階では，①の比重は高く，また②や④の内容は実習生にジレンマとして経験されている場合が多く，実習施設側に対して，訪問指導者が代弁者としての役割を期待される場合が多いことも想像される。訪問指導が学生にとって真に意義あるものとなるよう，訪問指導者は実習の時期と段階をふまえて訪問指導にあたることが望まれる。訪問指導者は実習生1人ひとりの実習の課題を事前に把握しておくことが必須である。⑥については事前指導において指導がなされているが，ケースによってはこの時点で確認が求められる場合もある。したがって訪問指導者は，実習に関わる事務的学内ルールを把握しておくことも欠かせない。

（3）指導担当職員における意義

指導担当職員にとっての訪問指導の意義は，次の4点が考えられる。

①実習生にとってより有意義な実習となるよう養成校と協働して指導の機会をもつ。
②実習開始以前の養成校における指導内容を正確に知る機会となり，養成校との協働を充実させる機会となる。
③実習生についての理解を深めるための情報を得る機会となる。
④養成校の教育・実習目標についての確認や実習施設についての情報提供，個人情報に関する配慮等その他諸事項の協議を行なって，実習や養成について養成校と連携を図る機会とする。

②④の内容については，事前のうち合わせ等で済まされていると思われるが，不十分であった場合はこの機会を活用することができるであろう。

第2節 訪問指導の方法

本節では訪問指導の方法について提案したい。

1 訪問の回数と時期

訪問の回数と時期等についての提案は次のとおりである。
①訪問回数は実習期間中に1回以上とする。
②訪問が1回の場合は，中間指導の点から，実習の中間頃を目安にして訪問する。
③訪問が2回以上の場合は，個々の訪問の目的を設定し，時期を選択する。
④訪問日時はあらかじめ実習施設と相談して決める。

訪問日時についてはあらかじめ実習施設と相談して決めることが一般的マナーと思われる。あらかじめ相談して決めることによって，指導担当職員の業務の流れの中に組み込むことが可能となろう。実習生にとっての訪問指導の意義を最大限生かすためには，訪問日時をあらかじめ実習生に伝える工夫が望まれる。2回以上の訪問が可能である場合には，指導実習を観察する，もしくは反省会に参加するなどが望ましい。

その他に，実習施設側からの要望に応じて訪問指導が必要になる場合がある。

さらに，実習生からの要望に応じて訪問指導が必要になる場合もないとはいえない。現実には，実習生からの要望に応じて訪問指導のできる体制はどれだけ整えられているだろうか。実習をとおして学ぶ当事者は実習生であることを考えると，実習生自身の必要から訪問指導の要望が出ることは不思議ではない。実習生からの要望に応じて訪問指導が可能であることを，実習開始前に学生に周知できることが望まれる。これら，緊急の要望に応じてすぐに訪問指導ができるように養成校内で体制を整えておくことは今後の課題である。

2 訪問指導の所要時間

　訪問指導の所要時間（実習施設への滞在時間）は訪問指導の内容に依拠することになる。次節で述べる内容をすべて実施する場合，実習生1人あたり1時間以上が必要となると推測されるが，すべての訪問指導にその時間をあてることは現実的とはいえない。実習生によっては訪問指導の内容の一部を省略することも可能であろう。実習生の状態をみながら，訪問指導の内容の中で重点を置くものに柔軟性をもたせ，1人あたり30分程度をあてることが無理のないところとなろう。
　一方，実習生の指導実習を参観する，または反省会に参加するならば1時間を要することもあろう。
　1つの実習施設に複数の実習生がいる場合には，その人数に応じて多くの時間を要することとなる。
　ところで，実習施設側の都合を無視して訪問指導時間をとることは適当でない。訪問指導の所要時間について，あらかじめ実習施設側と相談しておくことが望まれる。
　訪問指導が，実習生をはじめ実習施設にとっても養成校にとっても意味あるものであることは広く認められているところである。しかしながら，前項で確認した訪問指導の意義について，実習生と指導担当職員，訪問指導者の三者に共通理解が形成されているとは限らない。訪問指導の意義について三者が共通理解をもつことによって，次節で示す訪問指導の内容を実施することが可能となり，実習生はよりよい実習の成果を得ることにつながると考えられる。また共通理解をもつことによって，実習施設側も養成校側もまた実習生も，訪問指導に要する時間を確保するために工夫をする方向に向かうことができる。したがって，実習施設

と養成校と実習生の間で，訪問指導の意義について共通理解をもてるように努めることは重要な課題であるといえよう。

3 訪問指導の形態

　訪問指導は個別の実習生に対する指導（スーパービジョン）が基本であるから，訪問指導の形態の基本は以下の3通りと考えられる。

　　①実習生と訪問指導者との二者面談
　　②実習生と指導担当職員，訪問指導者との三者面談
　　③実習生と複数の指導担当職員，訪問指導者との四者面談

　本章第1節**2**（2）「実習生における意義」の内容が実現されるためには，①の機会は欠かせない。
　また，次の面談も欠かすことができないものであろう。

　　④指導担当職員と訪問指導者との二者面談

　この他，以下の形態も現実的にあり得る。

　　⑤複数の実習生と指導担当職員，訪問指導者との変則三者面談
　　⑥複数の実習生と複数の指導担当職員，訪問指導者との変則四者面談
　　⑦複数の実習生と訪問指導者との変則二者面談（グループ面談）

　さらに，①②③⑤⑥⑦の前後に④が組み合わされる場合もある。
　加えて，訪問指導者が指導実習を参観する場合や，反省会に参加する場合も含むことがある。
　どのような形態で行なうかは，訪問指導者と指導担当職員の協議によって適宜判断することが望ましい。なお，ここでいう「指導担当職員」は施設長も含む総称である（第Ⅰ部第1章 p.7「用語の説明」を参照）。

4 訪問指導時に使用する資料

訪問指導に際しては、以下のような具体的な資料の活用が有効であろう。

①実習日誌
②実習生の実習課題(養成校における実習の共通課題と個々の学生の個別の課題)
③実習生の作成した指導計画案(援助計画案)その他の資料
④実習施設が作成した実習期間中の実習指導プログラムやその他の資料

第3節 訪問指導の内容

訪問指導の内容について、「局長通知」[*1]では、「実習生へのスーパービジョンを行なう」と示されている。本節ではこの訪問指導の内容について提案したい。

1 実習生のようすの把握と指導・助言

訪問指導の内容としてはじめにあげたいことは、実習生の緊張や不安を受け止めることである。

①心身の健康状態、気がかりなこと困っていること等について確認する。
②不安等の気持ちを受け止める。
③励ます。

これらの訪問指導内容を実施するためには、実習生と訪問指導者との間に信頼関係が形成されていることが必須要件となる。

2 実習の状況の確認と調整

続いては、実習生の実習の状況を確認し、1人ひとりの実習生の必要に応じた調整をすることである。以下の項目はすべての実習生に必ず確認しなければなら

ないという性質のものではない。訪問指導者個々の実習生にとって必要と判断される項目について取り上げることになる。あくまで1人ひとりの実習生の状況に応じることが肝要である。

①実習生からの質問や相談に応じる。
②実習施設に関する実習生の理解について確認する。
③学習状況・実習計画を確認する。
④実習課題の取組みの状況を確認し，前項との関係等必要に応じて変更・修正などの指導をする。
⑤実習内容・学んだことを適切に記録化できていることを確認する。
⑥施設側の実習指導プログラム及び指導方法について，実習生の受け止め方や希望を確認する。
⑦実習中にあった具体的トラブルや口頭で受けた指導等を確認する。
⑧必要に応じて施設側からの指摘や要望事項を学生に伝える。

3　子ども（利用者）との関係の確認と指導

　実習生と子ども（利用者）との関係形成が望ましいものとなるように支援する。子どもや職員との関係形成に苦慮している場合は，必要に応じて対応することとなる。この側面では，実習生本人は問題を感じていないが，指導担当職員が問題ととらえている場合がある。その場合，訪問指導者は実習生本人に問題意識の自覚をうながす必要があるか否かについて，指導担当職員と十分に協議することが必要となり，それぞれの役割を互いに認識して，まさに協働することとなる。

①子ども（利用者）との関係形成に関する問題点の有無を確認し，必要な指導をする。

4　指導担当職員を含めた全職員との関係の確認と調整

　実習生は実習施設の指導担当職員やその他の職員との関係形成に苦慮する場合がある。訪問指導者が，実習生からの情報と指導担当職員からの情報をもとに双

方に対して必要な対応をするなど，その関係形成の調整をすることによってそれ以後の実習が円滑になることがある。

　①指導担当職員やその他の職員との関係形成に関する問題点の有無を確認し，必要に応じて適切な対応・処置をする。

関係形成に関する問題点の有無を確認するためにも，実習生からこの問題を表現することを保障するには，実習生と訪問指導者の二者面談の機会が確保される必要がある。

5 指導担当職員への連絡・依頼内容

養成校において実習の事前に学生に指導した内容を指導担当職員が理解していることは大切である。したがって正確に伝え，共有したい。また，実習生と訪問指導者が面談した中から，または訪問指導の前に実習生から養成校に相談や訴えがあった場合に，実習生の要望や悩みを，訪問指導者が実習施設の指導担当職員へ伝達する必要がある場合がある。これはとくに実習段階の初期にみられることがある。その他，養成校側の判断で指導担当職員に依頼や要望が必要となる場合があることも予想される。

　①養成校における事前の指導内容を指導担当職員に正確に伝える。
　②必要に応じて実習生の要望事項や悩みを指導担当職員に伝える。
　③必要に応じて実習指導プログラムや指導方法の調整を指導担当職員に依頼する。

6 養成校側の教育方針や方法と実習施設の実習指導プログラムや方法との調整

養成校側の教育方針や方法ならびに実習の目的や段階については，実習指導の依頼の時点で，実習施設側に説明して理解を得ていることが望ましい。また，実習施設の実習指導方針や方法については，養成校側で理解して実習依頼することが望まれる。相互にその理解の上にたったときに，真の連携・協働による実習指

導が実現すると考えられる。「局長通知」[7]に従えば，実習指導の開始以前に，保育実習の全体の方針や実習の段階，内容その他について養成校と実習施設との協議によって，双方の了解のもとに保育実習の計画が策定されていることとなる。しかし現実的には，養成校と実習施設との真の連携・協働による実習指導を実現すべく努力している段階にある場合が多いことが推測される。そこで，訪問指導には以下の事項も求められる場合が少なくない。

①指導担当職員から養成校への要望を聞く。
②必要に応じて実習指導プログラムや方法について双方で調整する。
③養成校の実習目標と評価方法について，指導担当職員に理解されていることを確認する。
④指導担当職員と実習指導のあり方について話し合う。

第4節 訪問指導記録

引き続いて，「局長通知」[7]にある訪問指導の記録について検討し，記録様式のMSを提案する。

1 根拠

訪問指導を記録することの根拠は，「局長通知」[7]の別紙2「保育実習実施基準」「第3 実習施設の選定等」に「5 指定保育士養成施設の実習指導者は，実習期間中に，学生に指導した内容をその都度，記録すること。また，実習施設の実習指導者に対しては，毎日，実習の記録の確認及び指導内容を記述するよう依頼する等，実習を効果的に進められるよう配慮すること」と示されていることによる。

2 記録することの意義

ここでは通知とは別に，記録することの意義を確認しておくこととする。記録することの一般的な意義として次のことをあげることができる。

①文字化する過程であいまいさが低減する。
②文字化してとどめることにより、時間を越えてくり返し扱うことができる。
③文字化することによって第三者との共有化が図りやすい。

再三述べられているように、実習指導は保育士養成課程全体の流れの中に位置づけられるものである。また、1人ひとりの学生に対しては、実習前—実習中—実習後の流れの中でその育ちをとらえて、継続して関わることが求められており、訪問指導はその一部を形成している。しかしながら、本章第1節❶（4）「訪問指導者」で述べたように、1人の学生に対して1人の実習指導者が、事前指導（実習前）・訪問指導（実習中）・事後指導（実習後）と一貫して実習指導全体に継続して関わることを望むことは現実的でない場合が多い。すなわち、1人の学生に対して複数の実習指導者ないしは他の教員の協力のもとに実習指導がなされることを想定する必要がある。

また、本章第1節でも述べてきたように、訪問指導は養成校と実習施設を具体的につなぐ役割も担っている。

以上の点から、訪問指導の内容は記録されて、訪問指導者と他の教員との間で共有されることの意義は大きいものである。

3 基本的な考え方

実習は学生個々の活動であり、個々の学びである。その訪問指導は（原則的にはスーパービジョンが求められているから）、形態がグループ面談やグループカンファレンスであったにしても、学生個々に対する指導（スーパービジョン）が基本となるものである。したがって、記録は学生個々の指導記録である。

記録の内容の柱は、「訪問指導者が把握した事項」と「訪問指導者がしたこと」の二本である。把握した事項には、実習生からの情報と、実習施設からの情報とが含まれるから、それぞれを区別して記載することが望まれる。また、「訪問指導者がしたこと」には、「実習生への指導・助言内容」と、「実習施設の指導担当職員との調整・連絡・依頼事項」があり、それらを具体的に記載することが第三者との共有のうえで大切である。

4 記録様式に含まれる事項

訪問指導記録の様式には，少なくとも以下の事項が含まれることが望まれる。記載に多くの時間を要することのないような様式を準備しておくことも大切である。

① 「保育実習Ⅰ（保育所）訪問指導記録」など，実習種別がわかるタイトル
② 養成校名
③ 実習生の学年（入学年度），学籍番号，氏名
④ 実習施設名
⑤ 訪問時の施設側の面談者，施設側の指導担当職員名
⑥ 訪問指導者名
⑦ 訪問日時，滞在時間
⑧ 面談の形態（学生と二者面談，または学生と施設側の指導担当職員ないしはそれに代わる方と三者面談，または施設側の指導担当職員ないしはそれに代わる方との二者面談，またはその他の面談の形態及びそれらの組み合わせ。面談以外に指導実習の参観や反省会への参加があった場合にはこれも記載する）。
⑨ 把握事項と指導・助言内容，調整・連絡・依頼事項
　把握事項と指導・助言内容，調整・連絡・依頼事項は，実習の年次あるいはその時期や段階によって異なることが予想されるため，本章第3節に示した「訪問指導の内容」の中から，各養成校の実習種別の実習時期に合わせた事項をあげておくことが適当であろう。
⑩ その他（必要に応じて記載する）。

記載に多くの時間を要することは現実的ではなく，そのような様式は利用価値が低くなる。そこで，ここで提案する訪問指導記録の様式（表7-1）は，記載の便を考慮した簡便なものである。

表7-1 訪問指導記録様式例（訪問指導者用）

保育実習Ⅰ（保育所／施設）／Ⅱ／Ⅲ　訪問記録・訪問指導者用			
<div style="text-align:right">平成17年度 保養協期短期大学 保育学科</div>			
実 習 生	第　　学年　　学籍番号		氏名
施設名称		指導担当職員（面談者）	
^^		訪問指導者	
訪問日時	平成　　年　　月　　日（　）　　　～		
面談の形態（該当する形態全て）	1. 二者面談〔実習生・訪問指導者〕 2. 三者面談〔実習生・指導担当職員（　　　　）・訪問指導者〕 3. 二者面談〔指導担当職員（　　　　）・訪問指導者〕 4. その他（　　　　　　　　　　　　　　　　　　）		
面談の順番	例）3→2→1		
	相談・報告を受けたこと、把握したこと			指導・助言の内容
	実習生より	施設より	その他	^^
実習生の様子、実習の状況				
子ども（利用者）との関係、施設職員との関係				
実習施設の指導担当職員と調整・連絡依頼した事項及び協議した事項、その他				

【注】

- 1 厚生労働省雇用均等・児童家庭局局長通知「指定保育士養成施設の指定及び運営の基準について」(雇児発第1209001号，2003（平成15）年12月9日）の別紙3「教科目の教授内容」。
- 2 厚生労働省雇用均等・児童家庭局局長通知「指定保育士養成施設の指定及び運営の基準について」(雇児発第1209001号，2003（平成15）年12月9日）の別紙2「保育実習実施基準」第2の5。
- 3 「保育実習実施基準」（●2を参照）第3の3。
- 4 「保育実習実施基準」（●2を参照）第3の4。
- 5 「教科目の教授内容」（●1を参照）【保育実習】。
- 6 下線は本委員会による。
- 7 「保育実習実施基準」（●2を参照）。

【引用文献】

[1] 全国保育士養成協議会　2002　「効果的な保育実習のあり方に関する研究Ⅰ——保育実習の実態調査から」『保育士養成資料集第36号』　pp. 388–389, 461.

第8章

おわりに——ミニマムスタンダードのこれからと保育者養成校の課題

第1節 ミニマムスタンダードのこれから

1 ミニマムスタンダードの課題

　本書で示してきた「ミニマムスタンダード」は全国保育士養成協議会専門委員会からの提案という性質のものである。協議会としても，まして制度的にもなんら養成校を縛るものではない。このことは，各養成校の自由度を保障するという意味で適切であると思われるが，一方で，保育実習指導の質の担保は各養成校のいわば良心にゆだねられることになる。しかし，経営上の動機から保育士養成課程の設置が急速に増えつつある近年，養成校の実習指導の質の平均値を高めるための方策は不可欠である。実際，新設の課程でMSが活用されている例がしばしば聞かれる。

　しかしもちろん，MSは，試案を経て作成したとはいえ，また微に入り細に入りふみ込むことを避けたせいもあるが，内容的には粗さの残るものといわざるを得ない。今後，各養成校において，あるいは養成校による地域の協議会等において，鍛え直されることを期待したい。

　また，保育士により多様で高度な専門性が求められる近年，2年制を前提とする養成課程の再検討が始まっている。そして実際にはすでに，4年制大学に設置された保育士養成課程や，3年制の養成課程がある。こうした多様な養成校のあり方を考えると，保育実習や，そのMS自体がもつ意味を一律に語ることはできないし，まして養成校に押しつけたりすることはできない。次項で述べるように，各養成校が，いかに使いこなしていくかという性質のものであろう。

　さらに，保育者の成長という観点から，現職教育（研修）における学習課題と

の整合性について検討し，整理していく必要がある。MSは，いずれは「保育実習における」という冠を外して，保育者の，養成から始まるキャリア発達全体を見通した，学習課題とプログラムとして再構成される必要があるだろうし，養成校が利用する部分は，その中の1つの段階として位置づけられることになるだろう。

2 ミニマムスタンダードをいかに使うか

　前項で述べたように，MSは押しつけるような性質のものではない。各養成校の具体的な指導方針や計画の策定のための参照枠組みとなるものだと考える。しかし，たんなるたたき台ではなく，スタンダードとして共有され，ここに示された水準に達するような，あるいはもちろん，より高い水準を志向したプログラムの策定が望まれる。

　また，こうした明示的な基準の存在は，養成校における組織的な教育体制を構築する1つの手だてとなり得る。教員がMSを共有することにより，各教科目間のシークエンスにおける保育実習の位置づけがより明確になり，また1つひとつの授業の到達目標，内容，方法などを考えていくうえでの基準になる。さらにそのことが，訪問指導のあり方など，実習指導における組織的な取り組みをより可能にし，効果的なものとすることにつながる。

　一方で，大学教育の自由という面からも，多様な人材の育成という面からも，各養成校の独自性は尊重されなければならない。このことと保育士養成校全体の教育の質の平均値の向上とのバランスにかんがみて，MSを養成校の特徴に応じてカスタマイズするという使い方が，現時点での現実的に有効な利用法であろう。そのまま使うか，無視するかのいずれでもなく，各養成校の歴史，教育方針，修業年限，めざす保育者像，スタッフの質と量，学生数，実習施設の数や質および場所，予算など，さまざまな側面から検討して，MSに込められた「精神」を現実的に可能な形で少しでも実現するよう，各養成校が努めること，それが私たちの企図したことである。さらにカスタマイズし続ける，つまり改善し続けることが必要である。環境は常に変化するので，必要に応じた見直しが必要である。またこうした基準が金科玉条と化してしまうと，そのうち確実に，その当初の意味は忘れられ，基準を守ることが自己目的化し，学生をよりよく育てるという

本分が失われる。学生をいかに育てるかという視点を確認し続けるためにも、見直しと改善が求められる。

　MSの利用についての以上のような理解が、私たちがめざした、養成校の教育の質の平均値の向上につながると考える。

第2節　保育者養成校の課題

1　養成校における協働

　MSが機能するためには、養成校内での、教員間、教職員間、さらに教職員と学生間の共通理解と協働が不可欠である。

　養成校として、確かな水準の保育者を継続して輩出していくためには、プログラムとしてその養成校の教育が機能する必要がある。特定の教員の努力や個性によって教育の質や個性が担保されているような場合、その教員がいる間はよいが、異動や退職して担当者が代わると、当該校の教育の質も個性もまったく異なるものに置き換わらざるを得ない。人任せ、あるいは偶然に任せている養成校は、その個性を維持することができないし、一定の水準を確保することすらままならないというリスクを負うことになる。その養成校における基準を共有して教育にあたることが、養成校の教育水準の確保とともに、個性を発揮することにもつながるのである。

　そしてMSを共有したうえでの協働は、教員間はもちろん、事務的な業務にあたる中で学生と接する事務職員、実習を担当する助手等にも共有されると、より効果的である。学生は、めざすべき方向性について、さまざまな人たちの間で右往左往することなく、確信と安心をもって学びを進めていくことができる。そのうえで、当然、教職員の個性は発揮されてしかるべきである。

　さらに、学生との協働も必要である。

2　保育・福祉現場との協働

　こうした試みは、養成校だけで主張しても、多くの仕事と困難を抱えつつ実践にあたっている、保育・福祉の現場の人々の理解、協力、志などがなければ成立

しない。

　特別寄稿をいただいた森本宮仁子先生，神戸信行先生には，その点で，MSを作成した側からすると望外ともいえる，賛意と評価をいただいた。また，MSが，現場と養成校とのコミュニケーションの重要なメディアたり得る可能性が示唆された。そして，保育・福祉の現場も養成校も，後進の育成を担っているパートナーであることが確認された。すべての現場が同じ温度で受け止めているはずはないが，後進の育成に確かな見識をおもちの両先生からの激励は，養成校にとって，とても勇気づけられるものであり，今後の連携，そしてさらに協働に向けての足がかりにしたい。

　しかし指摘されたとおり，課題も多く残っている。それらの解決に向けて，MS自体のあり方や精度について，今後は各養成校が，現場とともに追究していくことが望まれる。現場とともに，という点を強調しておきたい。未来の社会を担う子どもの保育・福祉を担う専門職の育成において，極端に悪い例でいえば，実習を平身低頭お願いして謝金を預けてあとはよしなにと指導を丸投げし，問題があればひたすら謝罪して実習を引きあげる，といった現場と養成校の関係のあり方は，人材育成の視点を欠いたつじつま合わせでしかない。

　養成校教員は，現場について学び，その実情をより理解しながらも，そしてその実情が厳しいものであるからこそ，後進育成のパートナーどうしとして協働しながら，現場の実践の改善にも協働して取り組んでいかなければならない。こうしたパートナーシップが，保育・福祉現場にある知やスキルと，養成校にある知やスキルとを流通させ，互いに高め合うサイクルをつくり出していくことが期待される。

3　養成校間の協働

　養成校は，少子化によって激減した学生を奪い合うライバルどうしである。しかし，より広い視野に立てば，ともに未来の保育者を育てる仲間である。そして子どもの幸福を願うなら，保育者の養成という営みのレベルをできるだけ高めることが求められる。そのためには，同じ競争をするとしても，より水準の高い競争をしていかなければならない。保育者として身につけ得ることの平均的水準をより高く確保し，そのうえに，各養成校と各教員の個性と特徴を生かした教育が

加わることで，質の高い，多様な人材を養成し得るのではないだろうか。

　保育士養成校数が著しい増加傾向を保っているため，実習先の確保という現実的な課題において，すでにいくつかの地域でなされているような連絡調整のための相互協力関係を築いていくことが必要である。しかしそれだけでなく，実習指導について，協働してその課題を克服していくための研究をしたり，その成果を現場と共有したりするような養成校間の関係性を構築していくことが，実習指導の質を高める。また，このような協働は実習施設の配当やスケジューリング，実習に関する諸書類や帳簿等の共同開発と印刷コストの削減など，実習運用上もメリットが大きいであろう。

　さらに，学生の実習反省会などを近隣の養成校と共同で開催したり，その成果をインターネット上で共有したりすれば，学生の学習の幅が大いに広がり，また深まるであろう。

第3節　結びに代えて

　以上述べてきたようなことを，夢物語と一蹴する向きもあるかもしれない。
　しかし，結びに代えてこれまでの経緯を率直に示すことで，事態がたしかに進んできたことを示して，今後の可能性への期待と取り組みを共有していただければと思う。
　専門委員会において，MSを作成してみようではないかという提案がなされた当初，まさに侃々諤々の議論がなされた。そしてこのチャレンジを決めたとき，私たちの中では，その必要性と意義について確信が形成された。その確信は一方で，養成校やみずからの勤務校，そして実習をお願いしている保育・福祉現場から総スカンを食らうのではないかとの悲壮な覚悟もともなうものであり，ある種の蛮勇を必要としたこともいなめない。
　しかし，「ミニマムスタンダード」はその完成度の粗さにもかかわらず，私たちの予想をはるかに越えた関心を得て，2005年度の全国保育士養成セミナーに用意した別刷はすぐになくなってしまい，その後も増刷を重ねた。
　養成校間で一定の理解を得たこの取り組みは，何度も述べてきたように保育・福祉現場との協働なくしては，その成果をあげることができない。これを進めるためには，現場の先生方の意見を含めてまとめ直したものを，広く入手可能な形

にする必要があった。そのため，2006年度の日本保育学会において自主シンポジウムという形で森本宮仁子先生，神戸信行先生の参加も得て意見交換をし，特別寄稿としてあらためて意見を述べてもらい（第Ⅲ部），本書の重要な部分をカバーしていただいた。

　私たちの取り組みが，あらためて保育・福祉現場と保育士養成校の双方において，検討の対象にされ，批判され，鍛えられていくことを願ってやまない。

|第Ⅲ部|
保育・福祉現場から―特別寄稿―

第9章

保育実習指導のミニマムスタンダード
──保育所の立場から

社会福祉法人聖和共働福祉会大阪聖和保育園　園長　森本宮仁子

▌第1節▌ ミニマムスタンダードの意義

　保育士養成協議会の専門委員会によって作成された「保育実習指導のミニマムスタンダード」[1]を，2006年5月に開催された保育学会・自主シンポジウムの「指定討論者」をお引き受けした経緯から読ませていただくこととなった。2003年に厚生労働省から出された「指定保育士養成施設の指定及び運営の基準について」[2]の「目標」と「内容」を，「事前指導」「事後指導」「保育実習Ⅰ」「保育実習Ⅱ」「実習評価」「訪問指導」に大別し具体化している「実習指導計画」は，僭越ながら非常にうまく作成されている，というのが最初の印象であった。保育実習に送り出す教員の指針となり，実習をする学生にとっても目的等明確になるであろうと推測できる。

　実習生を受ける保育所の側は，現在のところ，各養成校別に作成された「実習要項」や「しおり」を頼りに実習生を受け入れているが，現場の忙しさと，増加する実習生の受け入れで，「実習要項」や「しおり」を受け取っても，内容を養成校別に理解し把握しているところは少ないのではないかと考えられる。時として実習生は「自園の保育士探し」や，多忙をきわめる「保育士の補い」とされる場合すらあるのではないかと危惧するところである。ミニマムスタンダードが一定の指針となることで，実習の目的や内容が平準化することが考えられるので，保育所の側にとっても有益であると考えられる。

　以下，現在の保育所の現状と，今回示されたミニマムスタンダードの「課題」と考えられることを列記することで，保育士養成への協働の一助となることを期待したい。

第2節 保育所の現状と実習生の受け入れ

　保育所は、それぞれ時代の要請にこたえ、変遷を経てきた。簡単にその経緯を示すと、1947年に「児童福祉法」が制定され、「貧民対策」のための保育所として、託児所や隣保事業から発展してきた。その後、1975年頃に「女性の社会参加・就業支援時代」を迎える。「ポストの数ほど保育所を」といわれ、今存在する23,000か所のほとんどの保育所がこの時代に設立された。女性の自己実現のための就労を受け、保育所は「延長保育」「夜間保育」「乳児保育」等の必要性を感じ実施してきた。また1989年には合計特殊出生率が1.57人という数字で発表され、「地域子育て支援時代」の保育を展開することとなった。さらに少子化は進行し、2005年には1.25人まで落ち込んでいるが、若い世代を中心に、子育てへの負担感が大きくなってきたので、保育所は、入所している子どものみならず地域の親子も射程に入れた保育、「子育て支援」を展開することになった。この中で、「児童福祉法」が50年ぶりに改定され保育は「措置」から「入所」へと変わり、「次世代育成支援時代」を迎えるにいたった。

　現在の保育所の課題は、この「次世代育成支援時代」の保育をどう実施していくのかにあるが、その課題は深化している。たんに子育てを支援するだけでなく、子育ての基盤となる家庭の役割をも補完するための支援が必要となってきているのである。具体的には、「放置」や「虐待」「過保護」も含めた子どもの問題を受け止め、保育所での生活をともにすることで子どもの育ちを保障することや、保護者を受け止め、ともに考え、支える役割が保育士の基本姿勢となっている。このため保育士は、カウンセラーとしての技術も必要とされ、子育てのパートナーとして位置づけられている。さらに、新聞報道によると虐待を受けているのは保育所に入所していない子どもがほとんどであることから推測されるように、保育所や子育て支援の場に出てこない、出てくることのできない親子を、保育の対象としていくことが目前の課題として浮上している。

　また、近年、保育士には、第三者評価に代表される「保育の質の担保」や「自己能力の向上」が期待されている。ケースを検討し、みずからの保育を自省しながら、「今日より明日」への前進が求められているが、日々の保護者の対応と、種々の記録書類におわれ、学習する時間すらままならないのが現状である。

　実習は「事前訪問（オリエンテーション）」と「実習」で成り立っていることは

周知のことであるが,「事前訪問」は1時間程度,「実習時間」は1日約8時間程度とした場合,「事前訪問」の対応は園長や主任,「実習」は各クラスの保育士が担当するのが通常と考えられる。保育所の開所時間は平均して12時間程度,当保育園では15時間で,保育時間は保育士がシフト制で担当している。保育士は,送迎時の保護者の対応と子どもたちの保育,保育を行なうための指導計画の作成や保育の準備,おたよりの作成や個別の子どもの事例検討会。その他保育日誌や各種記録作成,保育室の環境整備などで,1日8時間の勤務時間をフルに活動している。その間に,実習生を受け入れ,実習と協議を受け持ち,記録を読み,指導することになる。保育士にとって,実習生の指導がいかにハードであるか想像がつくであろう。

このような保育所の現状から,保育所側の設定による年に一度催される保育園と養成校との懇談会では,「保育所の実態を,教える教員が知らないことも考えられるので,指導者こそ10日間の実習を受けてみるべきであろう」との辛口の意見が出されたりしている。

第3節 ミニマムスタンダードについて

1 実習内容の大別

作成されたミニマムスタンダードの「保育実習Ⅰ（保育所）」と「保育実習Ⅱ」の大項目を「オリエンテーションでの理解」「保育実習での理解」「記録・協議での理解」の3つに大別すると表9-1,9-2のように考えられる。大枠での大別なので,詳細には相互に関連しながら理解されるべきものではあるが,便宜上こうして考えてみると,「保育実習」だけでなく,「記録や協議」の重要度をあらためて実感することができる。また,ミニマムスタンダードの各項目の記述が,すべて「○○させる」と表記されていることについては,養成校の責任性がはっきり打ち出されているものと理解できる。「○○する」であれば,実習生の責任となり,教える側の責任性が軽減されるようにとらえられるので,専門委員会の立場がうかがえる記述であり好感がもてる。スタンダードとして確立し,実習園のスタンダードとしても認識されることになれば,養成校と実習園の双方の責任となり,保育士養成が,一歩前進すると考えられ期待されるところである。

一方で,「オリエンテーション」や「保育実習」で習得されるものと,「実習生の感性や理解力」にゆだねられるものがあることも理解できる。理解させ学ばせようとしても,子どもへの関わり方や援助の方法など,技術のみで保育が成り立つわけではないことも周知のことであろう。これらは実習時のみのことではなく,実習生のパーソナリティー形成や自己への洞察力など,在学中を通じてはぐくん

表 9-1

	保育実習 I
オリエンテーションで理解	1. 実習施設について理解を深めさせる。 4. 保育計画・指導計画を理解させる。 7. 家庭・地域社会との連携について理解させる。
保育実習で理解	2. 保育所の状況や一日の流れを理解し,参加させる。 3. 乳幼児の発達を理解させる。 5. 保育技術を習得させる。 6. 職員間の役割分担とチームワークについて理解させる。
記録・協議で理解	8. 子どもの最善の利益を具体化する方法について学ばせる。 9. 保育士の倫理観を具体的に学ばせる。 10. 安全及び疾病予防への配慮について学ばせる。

表 9-2

	保育実習 II
オリエンテーションで理解	5. 地域社会との連携について具体的に学ばせる。
保育実習で理解	1. 保育全般に参加し,保育技術を習得させる。 2. 子どもの個人差について理解し,多様な保育ニーズへの対応方法を習得させる。 3. 指導計画を立案し,実践させる。 4. 家庭とのコミュニケーションの方法を,具体的に習得させる。
記録・協議で理解	6. 子どもの最善の利益への配慮を学ばせる。 7. 保育所保育士としての職業倫理を理解させる。 8. 自己の課題を明確にする。

でいくものであると考えられる。

2 習得内容の課題

次に、個別の習得内容について、それぞれ感じた課題や感想を率直に述べてみたい。

(1) 記録、協議のあり方に関するスタンダードの必要性について

「実習指導計画」の中での「事前指導」(第5章p.105、表5-4を参照)については、9項の大項目が設定されている。このうちの5項目めは「実習記録の意義・方法を理解させる」となっている。小項目では「記録をとることの意義を考えさせる」と「実習記録の具体的内容を確認し、その記録方法を学ばせる」の2点であるが、今回のミニマムスタンダードの中に、「記録」と「協議」についてのスタンダードがないのがきわめて残念である。実習記録は養成校によってまちまちで、現場で非常に困惑しているものの1つである。「沿革と創立」を問うところ・問わないところ、「地域環境」を問うところ・問わないところ、「保育理念」を問うところ、「保育目標」を問うところ、「保育方針」を問うところ、「特別保育事業」を問うところ・問わないところ、など、オリエンテーションでの問い方もさまざまであれば、日々の記録に「環境構成」欄のない記録もあれば「実習生の活動」を記入させる記録もあり、養成校が変わるたびに、保育士は養成校に合わせて指導しているのが現状である。書式もサイズもばらばらで、当然、指導案の様式や指導法もさまざまで、そのたびに養成校でどう指導されたか実習生から聞き取り対応している。1つにまとまってくれていたらと切望する部分であるので、今回のミニマムスタンダードで示されなかったのはとても残念である。書式しかりであるが、その記録内容も含めて、実習生が「記録地獄」にならないためにも、今後の専門委員会のはたらきに大きな期待を寄せておきたい。

(2) 「実習指導計画」の「保育実習Ⅰ（保育所）」「保育実習Ⅱ」に関して

第5章p.109～111の表5-8、5-9に「保育実習Ⅰ（保育所）」「保育実習Ⅱ」の実習指導計画を記載しているが、この大項目のうち、いくつかの点について実際の保育所実習で習得可能であるかどうか述べておきたい。

◆第9章◆　保育実習指導のミニマムスタンダード——保育所の立場から

① 「保育実習Ⅰ（保育所）」に関して

　4項めの「保育計画・指導計画を理解させる」については，月々の指導計画等は，保育を理解してもらい，指導計画を立案するうえで必要であるため，実習生に提示することは考えられるが，保育計画は，保育の根幹を担うものであり，理解するには多くの時間を要すると考えられるため，安易に実習生にプリント配布したり，理解をうながすことはあまり実際的ではない。オリエンテーション時や実習協議の時間に話をするとしても，短時間で理解させることは困難であると考えられるため，「保育計画」という名前を知らせる程度となることが考えられる。小項目の「保育計画の意義を理解し，保育の実態を学ばせる」「保育計画に基づく指導計画のあり方を学ばせる」は，実態的な理解というより，概念的な理解にとどまると考えられる。

　7項めの「家庭・地域社会との連携について理解させる」については，保育所のはたらきの中で家庭との連携は必須であり，かつ重要な課題である。保育所はそのためにさまざまな方法を駆使している。その意味で小項目の「保育所と家庭との連絡ノートやおたより等の実際に触れ，その役割について理解させる」の重要性は理解できる。しかし，「おたより」の読み取りは問題ないが，連絡ノートを実習生に見せることは考えられない。これについても概念的な理解であると考えられる。また，小項目の「地域における子育て支援事業の実態について理解させる」についても，保育実習は通常の保育クラスであるため，実態についての理解を深めるにはいたらないと考えられる。

② 「保育実習Ⅱ」に関して

　4項めの「家庭とのコミュニケーションの方法を，具体的に習得させる」については，小項目の「連絡ノート，おたより等による家庭との連携を学ばせる」は「実習Ⅰ」と同じく実習生に見せることはないので，概念的な学習にとどまることが考えられる。このため「具体的に習得」は困難ではないかと考えられる。

　5項めの「地域社会との連携について具体的に学ばせる」の項目については表9-2で「オリエンテーションで学習する」と大別した。前述したように，現在の保育所の課題は「子育て支援」が中心である。ミニマムスタンダードでこの課題が盛り込まれていることは，保育所の現状をよく理解していただいていることの証明でもあると理解できる。小項目では「子育て支援のニーズを理解し，地域における保育所の役割について学ばせる」「園庭開放，一時保育等の実際に触れ，

第Ⅲ部　保育・福祉現場から

その地域の保育ニーズを理解させる」となっているが、保育所の実態では、「園庭開放の担当」や「一時保育」は通常の保育実習とはクラスが違ううえに、それ相当の対応が求められることが多い。具体的に学ぶにはその場への配置が必要となるが、通常、「保育実習Ⅱ」は10日間程度の実習であるため、10日間でこの実習内容が可能かどうかが疑問でもある。「実際に触れ」ることができればよいのだろうが、オリエンテーションで概要を知る程度とするほうが、実習生の力量や保育所に対しての負担が軽減されるのではないだろうか。

③「保育実習Ⅰ（保育所）」と、「保育実習Ⅱ」に関して

「保育実習Ⅰ（保育所）」と「保育実習Ⅱ」の大項目を見ていると、「保育実習Ⅰ（保育所）」の1項目め「実習施設について理解を深めさせる」と2項目め「保育所の状況や一日の流れを理解し、参加させる」が「保育実習Ⅱ」にないことがわかる。このスタンダードでは「保育実習Ⅰ（保育所）」と「保育実習Ⅱ」が連動して、同じ施設での実習と仮定していることが理解できる。内容的には、ⅠとⅡで連動しているので問題はないが、実際の保育実習の場合、違う保育所での実習となることが多いのではないだろうか。万全を期して「保育実習Ⅱ（保育所）」に1項目め「実習施設について理解を深めさせる」と2項目め「保育所の状況や一日の流れを理解し、参加させる」の大項目を追加しておくのがよいのではないだろうか。

(3)「訪問指導」について

本ミニマムスタンダードでは、「実習評価の考え方」についても整理され、系統づけられている。その中で「指導実習の評価」（第6章第2節**❸**）が記されているが、訪問指導の際に「実習生の指導実習の一部を観察し、評価し（中略）三者で意見や考えや説明を交換し合うことが望ましい」としている。養成校と実習園が連動して実習生を指導することは重要で不可欠である。しかし、指導実習の際に訪問指導を実施することは、実際的に可能であろうか。1つの実習園に複数名の実習生が配置されている場合など、実習生の「指導実習」が同じ日であるとは限らず、他の園での実習生が同じ時間帯であった場合など、訪問担当教員の非常な困難が予想できる。さらに、実習園側も実習指導者が保育の現場を離れる間の保育を補填することなどが必要となってくる。「望ましい」という記述となっているので、将来保育士になろうとする実習生への「望ましい指導の仕方」として、

◆第9章◆　保育実習指導のミニマムスタンダード——保育所の立場から

保育士養成校と実習園への国や地方自治体からの理解と援助を期待したい。現時点では，養成校の教員の訪問についての実態的な施設側の理解は，養成校が実習について「お礼に来る日」であり，元気に実習をこなしているのかどうかを察知するために「実習生の顔を見て帰る」という理解が一般的であろう。

(4)「実習評価票」について

「実習評価票」(第6章第3節)については，「評価票様式」が「例」としてあげられている。「保育実習Ⅰ(保育所)」の評価票(p.126，表6-2を参照)は，「態度」についての4項目と「知識・技能」の10項目となっているが，「知識・技能」については「実習指導計画」の「保育実習Ⅰ(保育所)」の大項目と連動し，評価内容が列記されている。ところが，「保育実習Ⅱ」と「評価票様式「保育実習Ⅱ」」(p.128，表6-4を参照)は即連動の様式をとっていない。「保育実習Ⅰ(保育所)」で基本的な理解はすんでいるはずなので，要点を絞って評価したいという意向は汲み取られるが，実習生にとっても，実習園にとっても，評価は大項目を踏襲するほうが理解されやすいと思われるので，評価で「記録」や「チームワーク」を問うのであれば，実習内容に反映しておくことが望ましいのではないだろうか。

3　まとめ

以上，「保育実習指導のミニマムスタンダード」について，感じるところを保育所の現場サイドからの私見として述べさせていただいた。「重箱の隅をつつく」ような私見が多く，柔軟性に欠けると自戒しているが，このミニマムスタンダードが机上の空論とならないよう，より実態的に近づいたものとなることを祈ってのことであることをご理解いただけるなら幸いである。

常日頃から，養成校は実習懇談会の実施など，保育士養成について，施設との連動を図るべく積極的に努力していると感じているが，施設の側は，保育士養成は，養成校の仕事であり保育所の仕事でないとの理解に立つことが多いと実感している。実際的な保育の仕事がハードであり，そこにいたる余裕がないことも事実であるが，保育事業の充実と保育士の資質向上は，子どもたちへの福祉の増進につながるという視点から考えた場合，「保育士を育てるのもまた，保育所の仕事」となるような保育所でありたいと願うところである。その実現に向けて，忙

しくても実習生を受け入れるのであるが，現行のように10校受け入れると，10校ともに実習目的や記録様式が違うというのが，「ミニマムスタンダード」によりある程度の平準化が実施されれば，施設にとってもわずらわしさから解放され，統一的に実習指導にあたることができると考えられる。「しおり」や「実習要項」からの解放が実施されることは実習園にとっても望ましいあり方といえる。その意味で今回のミニマムスタンダードは「実習指導計画」として非常によい試みであるといえる。

ミニマムスタンダードの中では実習指導計画は，「教授内容・方法などの内的事項を定めた計画として位置づけられる」とされているが，「実習指導計画は，養成校における教授内容・方法などの内的事項，学生の保育実習の指針，施設の実習受け入れの実施内容を定めた総合的な計画」として発展し，明日の福祉施設としての保育現場を担う保育士の養成に，専門委員会とともに，施設の側も連携して進めていく内容であることを願ってやまない。

最後に，「保育士」という仕事を「保育所保育士」という名前で明記されることに共感しながら，その専門性を明確にするための「ミニマムスタンダード」であることを重要視しながら，その働きが十分に発揮されることを祈念し，今後さらに発展することを心より祈るものである。

【注】

- 1　全国保育士養成協議会　2005　「効果的な保育実習のあり方に関する研究Ⅲ―保育実習指導のミニマムスタンダード―」『保育士養成資料集第42号』
- 2　厚生労働省雇用均等・児童家庭局長通知（雇児発1209001号，2003（平成15）年12月9日）

第10章

保育実習指導のミニマムスタンダードに期待する
——児童福祉施設実習を実り豊かなものにするために

社会福祉法人青葉学園　園長　神戸信行

　近年，保育士養成コースの新設が各地にあいつぎ，保育所と比して圧倒的に設置数が少ない児童養護施設等生活型の施設（以下「児童福祉施設」とする）では，多くの実習生を受け入れざるを得ない状況にある。近年は，家庭や地域の養育機能が低下，脆弱化するにしたがい，基本的習慣や人間関係のスキルを適切に学習する機会に恵まれなかった子どもたちや，親の不適切な子どもへの関わりの中で心理的に深く傷ついた子どもたちが数多く児童福祉施設に入所してくる。換言すれば，児童福祉施設の子どもたちの多くが，家庭を「安全，安心」な場所と受け止めることができず，家族の中に自分の居場所を見いだせなかったのである。それは，筆者が勤務する児童養護施設でも同様である。全国的にみると，今日の児童養護施設に入所する児童の半数以上が被虐待児童である。しかも施設の数や定員数の増加は微々たるものなので，児童相談所における児童虐待相談件数が増加し続ける現状では，児童養護施設入所となるケースは，年々重篤なものが優先される傾向にある。

　児童虐待の問題に社会的関心が高まるにつれ，児童虐待や児童養護施設に高い関心をもって実習にやってくる学生が多くなってきた。そうした実習生は，他の学生と比して実習の動機も明確で実習に臨む姿勢も意欲的である。しかし，それだけに，実習の当初から困難に直面する実習生もめずらしくない。たとえば，積極的に子どもに近づいて関わろうとしたところ，子どもからの「来ないで！　近づかないで！」や「帰れ！」などといった拒否的な言動に接して大変ショックを受けてしまう場面は典型的な事例であろう。

　今日の児童福祉施設の現場では，ケア担当者の中核的存在である多くの保育士が，入所児童のケアのあり方をめぐってさまざまな困難に直面しながら処遇にあ

たっている。虐待の程度が重い子どもたちは，身体的，生理的な側面だけでなく，心理的あるいは発達的側面から深刻なダメージを受けている場合が多く，それらは対人関係や感情表現の困難，多動や暴力，自傷行為などさまざまな不適応行動となって現われることもまれではない。しかも「虐待的人間関係の再現化」ともいえる関係に保育士等の職員が巻き込まれた場合には，子どもとの良好な援助関係を形成できないまま，職員も心理的に動揺し，ケアのあり方が混乱するばかりか，職員自身が二次的受傷にさらされたり，バーンアウトする危険性が憂慮される。それゆえに，今日の入所児童のニーズの多様化，複雑化に対応して，「いかに効果的なケアを行ない，子どもの人権の回復と発達を保障し，子どもの最善の利益を実現するか」，それが今日の児童福祉施設にとって重要な課題となっている。また，入所児童の多くは，親子の関係回復（家族の再統合）という課題を抱えており，そのために親と協働して養護を展開するとともに，保護者をはじめ家族を支援する機能も児童福祉施設に求められている。そうしたさまざまなニーズに応じて養護を展開するために，近年，心理担当職員（セラピスト）や家庭支援相談専門員（ファミリーソーシャルワーカー）等の専門職の配置が行なわれるようになったが，子どもたちが安全感や安心感を得られる児童福祉施設の安定した生活環境があってこそ彼らが効果的に自らの役割を果たすことができるのである。そのことを考えると，子どもの日々の生活を支えるケア職としての保育士が果たす役割にいっそう大きな期待をもたざるを得ない。そのため，保育士の養成や研修のあり方に対しては，施設現場も大きな関心を払わずにはいられないのである。

　しかし，これまでの保育実習の実態を考えると，実習を依頼する養成校側から抽象的，概念的な実習内容が個々に提示されるものの，具体的な実習内容については施設側に全面的にゆだねられているのが現状である。そして，実習を引き受ける施設では，その内容について各施設間で共通認識をもとうという動きもない。その結果，実習の具体的な内容については個々の施設ごとに異なり，実習の評価も，客観的基準に基づくというよりは，各施設や担当職員の主観的判断により行なわれている。しかも，実習についての「標準的事項」が不明の状態では，施設側が「実習内容や実習のあり方」について養成校全体に問題提起をし，提言を行なう機会は見いだせなかったといってよい。それがあったとしても，個々の施設と養成校の間に限定されたもので，あえて現場から養成校に意見を述べるとなると，「実習態度が悪い」などといった実習生の個別的問題に限定されることが多

いのではないだろうか。実習を軽視するつもりはないのだが，日々の業務に追われている施設の現状を考えると，保育士養成が本務でない施設の側からは，積極的に保育実習の内容を継続的に検討し，その内容についての提案や課題の共有化を図ろうとする動きは期待できないだろう。このことは，保育士が国家資格化され，保育士の専門性や役割への期待が大きくなっているにもかかわらず，施設側で開催する会議や研修会において「保育実習のあり方」をテーマに取り上げる例が見当たらないことからも明らかである。保育士養成のプロセスにおいて実習のもつ意義は大きいにもかかわらず，養成校と施設現場，あるいは施設間で保育士養成のあり方を検討し，あるいは保育実習についての共通理解を深めていく場面がないというのは，考えてみれば不思議なことである。そのような現状の中で，このたび，全国保育士養成協議会が作成した「保育実習指導のミニマムスタンダード」は，副題に掲げられているとおり，「現場と養成校が連携して保育士を育てる」ために，大きな役割を果たすに違いない。そのような観点から「ミニマムスタンダード」に期待する役割を次に述べてみたい。

　第１に，このミニマムスタンダードの作成により「保育士養成校が共有する保育実習に関する標準的事項」を明らかにしたことは，養成校側が保育実習に関する標準的事項を共有化するだけでなく，養成校と施設の双方が協力して「保育実習に関する標準的事項」を検討し，保育実習の内容について共通認識を得るうえで大きな役割を果たすだろう。さらには，このミニマムスタンダードを施設間が実習内容の共有化を図る手段としても使えるであろう。
　第２に，「保育実習に関する標準的事項」を明らかにするということは，保育士に求められる専門性や，その具体的な内容を吟味することを抜きには考えられない。ミニマムスタンダードにより，保育士を養成する側（養成校）と質の高い保育士を必要とする側（施設側）が，相互に「保育士の専門性とは何か」という課題を共有し，保育士養成のあり方をいっそう深めていく可能性が広がることになる。施設にとって，今日の困難な養護ニーズに対応できる質の高い保育士の確保は切実な問題である。それゆえに，保育士の職場内研修や職場外研修のあり方が切実な課題となっている。施設側にとっても「保育実習に関する標準的事項」が明確になれば，保育士養成の課程を視野に含めて，養成校と連携した効率的で密度の濃い，効果的な職員の研修が可能となるだろう。

第3に，施設にとっての，実習生の「評価」の問題である。実習生の「評価」は養成校ごとに評価票の内容や評価基準が異なるうえに，施設間の実習内容や実習評価に関する共通理解もないため，施設側の主観的な判断に偏りがちになる。評価項目や評価基準を含めて「保育実習に関する標準的事項」が明確化され共有化されれば，それに基づいて，いっそう適切な評価が行ないやすくなる。さらには，ミニマムスタンダードという共通基盤に立脚することにより，求められる保育士の姿やそのための教育のあり方など，実習生個々の問題を超えて，養成校と施設が対等な関係の中で保育実習の内容について建設的な意見を交わす機会も増えるだろう。その結果，養成校と施設現場の協働による実り豊かな保育実習が実現するに違いない。

　以上，ミニマムスタンダードに期待する役割について思いつくままに述べたが，最後に，施設における保育士のあり方についてたいへん考えさせられた中学生の女子（A子）の事例を紹介して終りたい。彼女は，父親から酷い身体的虐待を受けて入所してきた。

　　　施設に入所してから笑顔を見せることがなかったA子が，3か月ほど経て，時折笑顔を見せる場面があった。担当の保育士が楽しそうに友人と遊んでいる彼女の姿にカメラを向けたときである。A子は，顔色を変えてゲームを中断し，その場から一目散で逃げ去ったのである。後に，その保育士が彼女に逃げ去ったわけを聞くと，「大嫌いな自分の写真など欲しくないから」と語ったのである。

　今日，児童福祉施設の種別を問わず，家庭に「居場所」を見いだせず，そのために生活経験や人間関係の貧しさだけでなく，深く心傷ついて入所してくる子どもたちが多い。施設の日々の生活をとおして出会う保育士とは，入所児童にとってどのような存在なのであろうか。そのようなことをA子の事例から考えさせられるのである。「自分を大切と思える」といった自己肯定感に支えられてこそ，子どもの時代を充実して生きることができる。そして，そのことが自立への道へとつながっていく。A子が日々の生活で得られる保育士のケアをとおして，自己を回復し，適切な自己評価を獲得していくためには，保育士にどのような資質と力量が求められるのだろうか。それは，たんにA子の問題にとどまらず，今日の

児童福祉施設の切実な課題となっている。子どもの傍らにしっかりと根をおろし，今日の児童福祉施設の課題を担い，子どもを支えることができる保育士の養成を期待したいと思う。

　いずれにせよ，このたび作成された「保育実習指導のミニマムスタンダード」が養成校だけでなく，施設側でも活用され，養成校と施設の実習に対する共通理解がいっそう深まれば，今後の保育実習が充実し，専門性の高い保育士養成の一助となるに違いない。ミニマムスタンダードの作成にご尽力された全国保育士養成協議会の皆様に敬意を表するとともに，今後ミニマムスタンダードが養成校に限らず児童福祉施設でも活用され，さらに版を重ねることで内容がいっそう豊かになっていくことを期待したい。

平成16〜17年　社団法人全国保育士養成協議会専門委員一覧(所属は当時)

**は委員長，*は副委員長
●は本書編集代表

飯浜　浩幸　　（道都大学社会福祉学部）
石田　和久●　（福島学院大学短期大学部）
中村美津子　　（和泉短期大学）
大竹　　智　　（立正大学社会福祉学部）
中野　隆司　　（山梨学院短期大学）
阿部　和子*　（大妻女子大学家政学部）
髙橋　貴志　　（白百合女子大学文学部）
守山　　均**●（岡崎女子短期大学）
浅野　俊和　　（中部学院大学子ども学部）
冨田　英子　　（京都文教短期大学）
柏原　栄子　　（大阪薫英女子短期大学）
三浦　隆則　　（兵庫大学短期大学部）
矢藤誠慈郎●　（愛知東邦大学人間学部）
那須　信樹*　（中村学園大学短期大学部）

補遺

(別紙2)

保育実習実施基準

平成25（2013）年8月

第1　保育実習の目的

　　保育実習は，その習得した教科全体の知識，技能を基礎とし，これらを総合的に実践する応用能力を養うため，児童に対する理解を通じて保育の理論と実践の関係について習熟させることを目的とする。

第2　履修の方法

　1　保育実習は，次表の第3欄に掲げる施設につき，同表第2欄に掲げる履修方法により行うものとする。

実習種別 （第1欄）	履修方法（第2欄）		実習施設 （第3欄）
	単位数	施設におけるおおむねの実習日数	
保育実習Ⅰ （必修科目）	4単位	20日	(A)
保育実習Ⅱ （選択必修科目）	2	10日	(B)
保育実習Ⅲ （選択必修科目）	2	10日	(C)

備考1　第3欄に掲げる実習施設の種別は，次によるものであること。

(A) …保育所及び乳児院，母子生活支援施設，障害児入所施設，児童発達支援センター（児童発達支援及び医療型児童発達支援を行うものに限る），障害者支援施設，指定障害福祉サービス事業所（生活介護，自立訓練，就労移行支援又は就労継続支援を行うものに限る），児童養護施設，情緒障害児短期治療施設，児童自立支援施設，児童相談所一時保護施設又は独立行政法人国立重度知的障害者総合施設のぞみの園

(B) …保育所

(C) …児童厚生施設又は児童発達支援センターその他社会福祉関係諸法令の規定に基づき設置されている施設であって保育実習を行う施設として適当と認められるもの（保育所は除く。）

備考2　保育実習（必修科目）4単位の履修方法は，保育所における実習2単位及び(A)

に掲げる保育所以外の施設における実習2単位とする。

備考3 「保育対策等促進事業の実施について」（平成20年6月9日雇児発第0609001号）に規定する家庭的保育事業又は，「安心こども基金管理運営要領」（平成21年3月5日20文科初第1279号・雇児発第0305005号）に規定するグループ型小規模保育事業において，家庭的保育者又は補助者として，20日以上従事している又は過去に従事していたことのある場合にあっては，当該事業に従事している又は過去に従事していたことをもって，保育実習Ⅰ（必修科目）のうち保育所における実習2単位，保育実習Ⅱ（選択必修科目）及び保育実習指導Ⅱ（選択必修科目）を履修したものとすることができる。

2 保育実習を行う児童福祉施設等及びその配当単位数は，指定保育士養成施設の所長が定めるものとする。

3 保育実習を行う時期は，原則として，修業年限が2年の指定保育士養成施設については第2学年の期間内とし，修業年限が3年以上の指定保育士養成施設については第3学年以降の期間内とする。

4 実習施設に1回に派遣する実習生の数は，その実習施設の規模，人的組織等の指導能力を考慮して定めるものとし，多人数にわたらないように特に留意するものとする。

5 指定保育士養成施設の所長は，毎学年度の始めに実習施設その他の関係者と協議を行い，その学年度の保育実習計画を策定するものとし，この計画には，全体の方針，実習の段階，内容，施設別の期間，時間数，学生の数，実習前後の学習に対する指導方法，実習の記録，評価の方法等が明らかにされなければならないものとする。

6 実習において知り得た個人の秘密の保持について，実習生が十分配慮するよう指導すること。

第3 実習施設の選定等
1 指定保育士養成施設の所長は，実習施設の選定に当たっては，実習の効果が指導者の能力に負うところが大きいことから，特に施設長，保育士，その他の職員の人的組織を通じて保育についての指導能力が充実している施設のうちから選定するように努めるものとする。

特に，保育所の選定に当たっては，乳児保育，障害児保育及び一時保育等の多様な保育サービスを実施しているところで総合的な実習を行うことが望ましいことから，この点に留意すること。

また，居住型の実習施設を希望する実習生に対しては，実習施設の選定に際して，配慮を行うこと。

2 指定保育士養成施設の所長は，児童福祉施設以外の施設を実習施設として選定する場合に当たっては，保育士が実習生の指導を行う施設を選定するものとする。なお，その

施設の設備に比較的余裕があること,実習生の交通条件等についても配慮するものとする。

3 指定保育士養成施設の所長は,教員のうちから実習指導者を定め,実習に関する全般的な事項を担当させることとし,また,実習施設においては,その長及び保育士のうちから実習指導者を定めるものとする。これらの実習指導者は,保育実習の目的を達成するため,指定保育士養成施設の実習指導者が中心となって相互に緊密な連絡をとるように努めるものとする。

4 指定保育士養成施設の実習指導者は,実習期間中に少なくとも1回以上実習施設を訪問して学生を指導すること。なお,これにより難い場合は,それと同等の体制を確保すること。

5 指定保育士養成施設の実習指導者は,実習期間中に,学生に指導した内容をその都度,記録すること。また,実習施設の実習指導者に対しては,毎日,実習の記録の確認及び指導内容を記述するよう依頼する等,実習を効果的に進められるよう配慮すること。

【保育実習】

〈科目名〉 保育実習Ⅰ（実習・4単位：保育所実習2単位・施設実習2単位）
〈目標〉 　1. 保育所，児童福祉施設等の役割や機能を具体的に理解する。 　2. 観察や子どもとのかかわりを通して子どもへの理解を深める。 　3. 既習の教科の内容を踏まえ，子どもの保育及び保護者への支援について総合的に学ぶ。 　4. 保育の計画，観察，記録及び自己評価等について具体的に理解する。 　5. 保育士の業務内容や職業倫理について具体的に学ぶ。
〈保育所実習の内容〉 　1. 保育所の役割と機能 　　(1) 保育所の生活と一日の流れ 　　(2) 保育所保育指針の理解と保育の展開 　2. 子ども理解 　　(1) 子どもの観察とその記録による理解 　　(2) 子どもの発達過程の理解 　　(3) 子どもへの援助やかかわり 　3. 保育内容・保育環境 　　(1) 保育の計画に基づく保育内容 　　(2) 子どもの発達過程に応じた保育内容 　　(3) 子どもの生活や遊びと保育環境 　　(4) 子どもの健康と安全 　4. 保育の計画，観察，記録 　　(1) 保育課程と指導計画の理解と活用 　　(2) 記録に基づく省察・自己評価 　5. 専門職としての保育士の役割と職業倫理 　　(1) 保育士の業務内容 　　(2) 職員間の役割分担や連携 　　(3) 保育士の役割と職業倫理
〈居住型児童福祉施設等及び障害児通所施設等における実習の内容〉 　1. 施設の役割と機能 　　(1) 施設の生活と一日の流れ 　　(2) 施設の役割と機能 　2. 子ども理解 　　(1) 子どもの観察とその記録 　　(2) 個々の状態に応じた援助やかかわり 　3. 養護内容・生活環境 　　(1) 計画に基づく活動や援助 　　(2) 子どもの心身の状態に応じた対応 　　(3) 子どもの活動と生活の環境 　　(4) 健康管理，安全対策の理解 　4. 計画と記録 　　(1) 支援計画の理解と活用 　　(2) 記録に基づく省察・自己評価 　5. 専門職としての保育士の役割と倫理 　　(1) 保育士の業務内容 　　(2) 職員間の役割分担や連携 　　(3) 保育士の役割と職業倫理

【保育実習】

〈科目名〉
保育実習指導Ⅰ（演習・2単位）

〈目標〉
1. 保育実習の意義・目的を理解する。
2. 実習の内容を理解し，自らの課題を明確にする。
3. 実習施設における子どもの人権と最善の利益の考慮，プライバシーの保護と守秘義務等について理解する。
4. 実習の計画，実践，観察，記録，評価の方法や内容について具体的に理解する。
5. 実習の事後指導を通して，実習の総括と自己評価を行い，新たな課題や学習目標を明確にする。

〈内容〉
1. 保育実習の意義
   (1) 実習の目的
   (2) 実習の概要
2. 実習の内容と課題の明確化
   (1) 実習の内容
   (2) 実習の課題
3. 実習に際しての留意事項
   (1) 子どもの人権と最善の利益の考慮
   (2) プライバシーの保護と守秘義務
   (3) 実習生としての心構え
4. 実習の計画と記録
   (1) 実習における計画と実践
   (2) 実習における観察，記録及び評価
5. 事後指導における実習の総括と課題の明確化
   (1) 実習の総括と自己評価
   (2) 課題の明確化

【保育実習】

〈科目名〉
保育実習Ⅱ（実習・2単位：保育所実習）

〈目標〉
1. 保育所の役割や機能について具体的な実践を通して理解を深める。
2. 子どもの観察や関わりの視点を明確にすることを通して保育の理解を深める。
3. 既習の教科や保育実習Ⅰの経験を踏まえ，子どもの保育及び保護者支援について総合的に学ぶ。
4. 保育の計画，実践，観察，記録及び自己評価等について実際に取り組み，理解を深める。
5. 保育士の業務内容や職業倫理について具体的な実践に結びつけて理解する。
6. 保育士としての自己の課題を明確化する。

〈内容〉
1. 保育所の役割や機能の具体的展開
    (1) 養護と教育が一体となって行われる保育
    (2) 保育所の社会的役割と責任
2. 観察に基づく保育理解
    (1) 子どもの心身の状態や活動の観察
    (2) 保育士等の動きや実践の観察
    (3) 保育所の生活の流れや展開の把握
3. 子どもの保育及び保護者・家庭への支援と地域社会等との連携
    (1) 環境を通して行う保育，生活や遊びを通して総合的に行う保育の理解
    (2) 入所している子どもの保護者支援及び地域の子育て家庭への支援
    (3) 地域社会との連携
4. 指導計画の作成，実践，観察，記録，評価
    (1) 保育課程に基づく指導計画の作成・実践・省察・評価と保育の過程の理解
    (2) 作成した指導計画に基づく保育実践と評価
5. 保育士の業務と職業倫理
    (1) 多様な保育の展開と保育士の業務
    (2) 多様な保育の展開と保育士の職業倫理
6. 自己の課題の明確化

【保育実習】

〈科目名〉
保育実習Ⅲ（実習・2単位：保育所以外の施設実習）

〈目標〉
1. 児童福祉施設等（保育所以外）の役割や機能について実践を通して，理解を深める。
2. 家庭と地域の生活実態にふれて，児童家庭福祉及び社会的養護に対する理解をもとに，保護者支援，家庭支援のための知識，技術，判断力を養う。
3. 保育士の業務内容や職業倫理について具体的な実践に結びつけて理解する。
4. 保育士としての自己の課題を明確化する。

〈内容〉
1. 児童福祉施設等（保育所以外）の役割と機能
2. 施設における支援の実際
   (1) 受容し，共感する態度
   (2) 個人差や生活環境に伴う子どものニーズの把握と子ども理解
   (3) 個別支援計画の作成と実践
   (4) 子どもの家族への支援と対応
   (5) 多様な専門職との連携
   (6) 地域社会との連携
3. 保育士の多様な業務と職業倫理
4. 保育士としての自己課題の明確化

【保育実習】

〈科目名〉
保育実習指導Ⅱ又はⅢ（演習・1単位）

〈目標〉
1. 保育実習の意義と目的を理解し，保育について総合的に学ぶ。
2. 実習や既習の教科の内容やその関連性を踏まえ，保育実践力を培う。
3. 保育の観察，記録及び自己評価等を踏まえた保育の改善について実践や事例を通して学ぶ。
4. 保育士の専門性と職業倫理について理解する。
5. 実習の事後指導を通して，実習の総括と自己評価を行い，保育に対する課題や認識を明確にする。

〈内容〉
1. 保育実習による総合的な学び
   (1) 子どもの最善の利益を考慮した保育の具体的理解
   (2) 子どもの保育と保護者支援
2. 保育実践力の育成
   (1) 子どもの状態に応じた適切なかかわり
   (2) 保育の表現技術を生かした保育実践
3. 計画と観察，記録，自己評価
   (1) 保育の全体計画に基づく具体的な計画と実践
   (2) 保育の観察，記録，自己評価に基づく保育の改善
4. 保育士の専門性と職業倫理
5. 事後指導における実習の総括と評価
   (1) 実習の総括と自己評価
   (2) 課題の明確化

保育実習指導のミニマムスタンダード
―現場と養成校が協働して保育士を育てる―

| 2007 年 9 月 15 日　初版第 1 刷発行 | 定価はカバーに表示 |
| 2014 年 5 月 20 日　初版第 3 刷発行 | してあります。 |

　　　　編　　者　　全国保育士養成協議会
　　　　発 行 所　　㈱北大路書房
　　　　〒 603-8303　京都市北区紫野十二坊町 12-8
　　　　　　　　　　電　話　(075) 431-0361 ㈹
　　　　　　　　　　FAX　 (075) 431-9393
　　　　　　　　　　振　替　01050-4-2083

©2007　　　　　　　　印刷・製本／創栄図書印刷㈱
検印省略　落丁・乱丁本はお取り替えいたします
ISBN 978-4-7628-2583-5　　Printed in Japan

・ JCOPY 〈㈳出版者著作権管理機構 委託出版物〉
本書の無断複写は著作権法上での例外を除き禁じられています。
複写される場合は，そのつど事前に，㈳出版者著作権管理機構
(電話 03-3513-6969,FAX 03-3513-6979,e-mail: info@jcopy.or.jp)
の許諾を得てください。